일一 사寫
천千 리里

상공회의소

한자
노트

4급

일一사寫
천千리里

상공회의소
한자
노트
4급

1판 1쇄 발행 | 2020년 11월 15일

펴낸이 | 이석형
펴낸곳 | 새희망
편집디자인 | 디자인감7
내용문의 | stonebrother@daum.net
등록 | 등록번호 제 2016-000004
주소 | 경기도 의정부시 송현로 82번길 49
전화 | 02-923-6718
팩스 | 02-923-6719

ISBN | 979-11-88069-16-3 13710

가격 | 9,500원

우리말의 70%가 한자어로 되어 있다는 말을 많이 들어봤을 것입니다. 그래서 한자에 대한 기본적인 지식이 없을 경우, 우리말의 적절한 사용에 어려움을 느끼게 됩니다. 특히 공식 용어나 전문 용어의 경우, 대부분이 한자어로 되어 있어, 한자에 대한 지식이 부족한 분은 관공서나 직장의 업무 수행에 많은 불편함을 느끼고 있습니다. 그런 이유로 요즘 여러 기업체에서는 신입 사원에 대한 한자 실력을 중요한 판단 기준으로 생각할 뿐만 아니라, 직원들에 대한 한자 사용 능력을 향상시키기 위한 많은 노력을 기울이고 있습니다.

상공회의소는 이러한 배경에서 만들어진 상공회의소 한자 시험의 취지를 중국, 대만, 일본 등 한자 문화권 국가와의 수출 및 투자가 증가함에 따라 이에 필요한 기업 업무 및 일상 생활에 사용 가능한 한자의 이해 및 구사 능력을 평가하는 시험이라고 밝히고 있습니다.

이 책은 상공회의소 한자시험 4급에 대비하기 위하여 4급 배정한자 900자를 쓰면서 외울 수 있도록 구성하였으며, 각 한자에 대한 훈 · 음, 부수, 획수, 육서(한자의 짜임), 필순을 명기하고 90자마다 연습문제를 삽입하여 앞에서 배운 것을 복습할 수 있도록 하였습니다. 그리고 앞에는 기초 이론 학습과 뒤에는 출제 유형별 정리와 모의고사문제를 실어, 이 책 한권으로도 4급 시험에 완벽하게 대비할 수 있도록 하였습니다.

독자 여러분이 이 책으로 좋은 결과를 얻으시길 기원합니다. 화이팅!

편저자 씀

시험에 대해서

자격 종목 안내

1 시행 기관 : 대한상공회의소(www.korcham.net)
2. 응시 자격 : 제한 없음

대한상공회의소 자격평가사업단(http://license.korcham.net): 종목소개⇨외국어/한자⇨상공회의소 한자

검정기준

4급 중학교 수준의 일상적인 한자어가 사용된 국한혼용의 글이나 책을 어느 정도 읽고 이해할 수 있는 중하급의 능력 수준. 교육부가 제정한 중학교 한문교육용 기초한자 900자를 이해하고 국어 생활에서 활용할 수 있다.

구분	검정기준
3급	고등학교 수준의 일상적인 한자어가 사용된 국한혼용의 신문이나 잡지, 서류, 서적 등을 어느 정도 읽고 이해할 수 있는 한자 능력 수준. 교육부가 제정한 중·고등학교 한문교육용 기초한자 1,800자를 이해하고 국어 생활에서 활용할 수 있다.
4급	중학교 수준의 일상적인 한자어가 사용된 국한혼용의 글이나 책을 어느 정도 읽고 이해할 수 있는 중하급의 능력 수준. 교육부가 제정한 중학교 한문교육용 기초한자 900자를 이해하고 국어 생활에서 활용할 수 있다.
5급	초등학교 수준의 일상적인 한자어가 사용된 국한혼용의 글이나 책을 어느 정도 읽고 이해할 수 있는 한자 능력 수준. 고려대학교 한자한문연구소가 선정한 초등학교 교육용 기초한자 600자를 이해하고 국어 생활에서 활용할 수 있다.

시험의 검정 기준

■ 시험의 검정 기준

"상공회의소 한자" 시험의 검정 영역은 '한자', '어휘', '독해' 의 세 영역으로 구성된다.
각 영역의 평가는 객관식 5지 택일형으로 이루어진다.

급수	시험시간	시험과목	문항수	과목별 총점	과목별합격점수	전체총점	합격 점수
1급 배정한자 1,607 누적한자 4,908	80분	한자 어휘 독해	50 50 50	200 300 400	120 180 240	900	810 (90%이상)
2급 배정한자 1,501 누적한자 3,301	80분	한자 어휘 독해	50 40 40	200 240 320	120 144 192	760	608 (80%이상)
3급	60분	한자 어휘 독해	40 40 40	160 240 320	96 144 192	720	576 (80%이상)
4급	60분	한자 어휘 독해	40 35 35	160 210 280		650	455 (70%이상)
5급	60분	한자 어휘 독해	40 30 30	160 180 240		580	406 (70%이상)

▶ 과목별 최소 합격 점수(1~3급) : 전 과목 60%이상 득점해야 함. ▶ 과목별 1문항당 배점 : 한자(4점), 어휘(6점), 독해(8점)

검정과목

1. 한자 영역

■ 평가 방향

한자 영역의 평가는 한자의 부수, 획수, 필순과 한자의 짜임 등 한자에 대한 기초적인 이해로부터 각 급수별 배정 한자를 바르게 읽고 쓰며 사용할 수 있는가에 중점을 둔다.

■ 한자 영역의 출제 범위

출제 범위	세부 내용	등급별 출제 문항수				
		1급	2급	3급	4급	5급
漢字의 부수, 획수, 필순	漢字의 부수					2
	漢字의 획수					2
	漢字의 필순					2
漢字의 짜임	漢字의 짜임					2
漢字의 음과 뜻	漢字의 음		11			6
	음에 맞는 漢字		7			5
	음이 같은 漢字		7			5
	漢字의 뜻		11			6
	뜻에 맞는 漢字		7			5
	뜻이 비슷한 漢字		7			5
합 계		0	50	0	0	40

2. 어휘 영역

■ 평가 방향

어휘 영역의 평가는 각 급수별 배정 한자를 기준으로 한자어의 짜임, 한자어의 음과 뜻, 성어 등을 이해하여 바르게 읽고 쓰며 사용할 수 있는가에 중점을 둔다.

■ 어휘 영역의 출제 범위

출제 범위	세부 내용	등급별 출제 문항수				
		1급	2급	3급	4급	5급
漢字語의 짜임	漢字語의 짜임	1	2			
漢字語의 음과 뜻	漢字語의 음	1	2			
	음에 맞는 漢字語	1	2			
	음이 같은 漢字語	2	3	1	1	3
	여러개의 음을 가진 漢字	1	1	1	1	
	漢字語의 뜻	1	2			
	뜻에 맞는 漢字語	1	2			
	3개 어휘에 공통되는 漢字	2	6	1	1	8
	반의어 · 상대어		5	2	2	4
성어	성어의 빠진 글자 채워넣기		5			5
	성어의 뜻		5			5
	뜻에 맞는 성어		5			5
합 계		10	40	5	5	30

3. 독해 영역

■ 평가 방향

독해 영역의 평가는 각 급수별 배정한자를 기준으로 짧은 문장에 사용된 한자어의 음과 뜻을 이해하여 바르게 읽고 쓰며 사용할 수 있는가, 그리고 여러 개의 문장 또는 문단으로 이루어진 글을 한자, 어휘, 독해의 영역 및 세부 내용과 관련 종합적으로 이해할 수 있는가에 중점을 둔다.

■ 독해 영역의 출제 범위■ 독해 영역의 출제 범위

출제 범위	세부 내용	등급별 출제 문항수				
		1급	2급	3급	4급	5급
文章에 사용된 漢字語의 음과 뜻	文章 속 漢字語의 음	3	7			6
	文章 속 漢字語의 뜻		5			6
	文章 속 漢字語의 채워넣기		5			3
	文章 속 틀린 漢字語 고르기		5			3
	文章 속 단어의 漢字표기	2	8			3
	文章 속 어구의 漢字표기		5			3
종합문제	종합문제	5	5	5	5	6
합 계		10	40	5	5	30

인터넷 접수절차

- 원서접수를 위해서는 자격평가사업단 홈페이지 회원가입 후 본인인증이 되어 있어야 합니다.
- 정기검정 원서접수 기간 마지막일은 18:00에 마감되며, 상시검정은 선착순마감 또는 시험일기준 최소 4일전까지 접수를 해야합니다.
- 원서접수는 인터넷접수를 원칙으로 하며, 인터넷접수 시 상공회의소를 방문하지 않아 시간과 비용을 절감할 수 있습니다. 다만 인터넷접수 시 검정수수료 외 인터넷접수 수수료 1,200원이 별도 부과됩니다.
- 또한 해당 원서접수기간 중에 시행 상공회의소 근무시간에 방문하여 접수도 가능합니다.
- 상공회의소 방문접수 시 접수절차는 인터넷접수절차와 동일하며, 방문접수 시 인터넷결제 수수료는 부담되지 않습니다.

| 1 STEP | 종목 및 등급선택 |

| 2 STEP | 로그인 |

| 3 STEP | 사진올리기 |

| 4 STEP | 원하는 지역(상의) 선택 |

| 5 STEP | 원하는 시험장 선택 |

| 6 STEP | 원하는 시험일시 및 시험시간 선택 |

| 7 STEP | 선택내역 확인 |

| 8 STEP | 전자결재 |

| 9 STEP | 접수완료 및 수험표 출력 |

목차

기초 이론 학습

한자를 익히기에 앞서 한자를 이루는 구성 요소와

한자가 예로부터 어떻게 생겨났는지,

한자를 쓰는 요령 등을 공부한다.

- 부수란 무엇인가?
- 한자의 짜임
- 한자어의 짜임
- 필순의 기본원칙

부수란 무엇인가?

부수란 자전에서 한자를 찾는데 필요한 기본 글자이자, 한자 구성의 기본 글자로서 214자로 되어 있다. 부수는 한자를 문자 구조에 따라 분류·배열할 때 그 공통 부분을 대표하는 근간이 되는 글자의 구실을 한다. 부수자들은 각각 의미 기능을 가지고 있다. 그러므로 부수자를 알면 모르는 한자의 뜻을 쉽게 추측할 수 있다. 부수가 한자를 구성하는 위치에 따라 분류해 보면 다음과 같다.

변 왼쪽 부분을 차지하는 부수

人	亻 인변	價 個 代 使
水	氵 삼수변	減 江 決 流
手	扌 재방변	技 指 打

방 오른쪽 부분을 차지하는 부수

| 刀 | 刂 칼도방 | 到 列 |

머리 윗부분에 놓여 있는 부수

竹	대죽머리	答 筆
艸	艹 초두머리	苦 落
宀	갓머리	家 官

발 아랫부분에 놓여 있는 부수

| 皿 | 그릇명발 | 益 |
| 火 | 灬 불화발 | 熱 然 |

엄호 위와 왼쪽을 싸는 부수

| 广 | 엄호 | 廣 |

받침 왼쪽과 아래를 싸는 부수

| 廴 | 민책받침 | 建 |
| 辶 | 책받침 | 過 達 |

에운담 둘레를 감싸는 부수

| 囗 | 큰입구몸 | 圖 四 固 |

제부수 한 글자가 그대로 부수인 것

角 車 見 高 工 口 金 己 女
大 力 老 里 立 馬 面 毛 木
目 文 門 米 方 白 父 非 飛
鼻 比 士 山 色 生 夕 石 小
水 首 手 示 食 臣 身 心 十
羊 魚 言 用 牛 雨 月 肉 音
邑 衣 二 耳 人 一 日 入 子
自 長 鳥 赤 田 足 走 竹 至
止 靑 寸 齒 土 八 風 行 香
血 火 黃 黑

5급 한자 부수별 정리 (반복된 한자는 제부수 한자임)

부수에 대한 문제는 5급까지만 해당되므로 전체 214개의 부수 중 5급 한자에 사용되는 152자만 다루었다.

부수	뜻과 음	한자	부수	뜻과 음	한자
一	한 일	一 不 上 七 下 世 三	口	입 구	口 可 古 句 史 右 各 吉 同 名 合 向 告 君 命 和 品 問 商 唱 單 善 喜
丨	뚫을 곤	中	囗	큰입구몸	圖 四 固 回 因 國 園
丶	점 주	主	土	흙 토	土 基 堂 城 在 地 場 增 報
乙	새 을	九	士	선비 사	士
亅	갈고리 궐	事	夂	천천히 걸을 쇠	夏
二	두 이	二 五	夕	저녁 석	夕 多 外 夜
亠	돼지해머리	京 交 亡	大	큰 대	大 奉 夫 天 太 失
人	亻 사람 인	人 價 個 代 使 仕 今 令 仙 備 他 以 休 來 信 位 偉 作 低 住 例 保 俗 修 便 傳 億 仁	女	계집 녀	女 婦 姓 始 如 好 婚
儿	어진사람 인	元 兄 光 充 先 兒	子	아들 자	子 季 孫 學 字 存 孝
入	들 입	入 內 全 兩	宀	갓머리	家 官 客 守 安 宅 完 定 宗 室 容 宿 害 密 富 實 察 寒
八	여덟 팔	八 公 六 共 兵 典			
冂	멀 경	再			
冫	이수변	冬 冷	寸	마디 촌	寸 寺 尊 對
凵	위터진 입 구	出	小	작을 소	小 少
刀	刂 칼 도	分 初 到 列 利 別 則 前	尸	주검 시	展 屋
力	힘 력	力 加 功 助 勉 動 勇 務 勞 勤 勝 勢	山	메 산	山 島
			巛	개미허리	川
匕	비수 비	北 化	工	장인 공	工 巨 左
十	열 십	十 南 協 午 卒 半 千	己	몸 기	己
厂	민엄호	原	巾	수건 건	常 師 席 市 希
厶	마늘모	去 參	干	방패 간	年 平 幸
又	또 우	反 友 受 取	广	엄호	廣 序 度 庭

부수	이름	해당 한자
廴	민책받침	建
弋	주살 익	式
弓	활 궁	强 弱 引 弟
彡	터럭 삼	形
彳	두인변	德 得 往 律 後 復
心 忄	마음 심	心 急 念 怒 感 必 志 忠 思 恩 患 悲 惡 惠 想 愛 意 慶 應 快 性 情
戈	창 과	成 戰
戶	지게 호	所
手 扌	손 수	手 擧 才 拜 技 指 授 接 打
攴 攵	등글월문	敬 收 數 改 放 故 敎 政 效 救 敗 敵
文	글월 문	文
斗	말 두	料
斤	도끼 근	新
方	모 방	方 族
日	날 일	日 景 早 明 星 是 昨 時 春 晝 暗
曰	가로 왈	曲 書 最 會
月	달 월	月 期 朝 服 望 有
木	나무 목	木 果 林 東 材 村 校 橋 根 極 案 業 植 榮 樂 樹 末 本
欠	하품 흠	歌 次
止	그칠 지	止 正 步 武 歲 歷
歹	죽을사변	死
殳	갖은등글월문	殺
毋	말 무	母 每
比	견줄 비	比
毛	터럭 모	毛
氏	각시 씨	民
气	기운 기	氣
水 氵	물 수	水 永 求 減 江 決 流 深 洞 治 溫 浴 油 注 漁 洋 法 氷 波 淸 漢 湖 海 活 洗 消 滿 河
火 灬	불 화	火 熱 然 無
爪	손톱 조	爭
父	아비 부	父
牛	소 우	牛 物 特
犬 犭	개 견	獨
玉 王	구슬 옥	玉 王 理 現
生	날 생	生 産
用	쓸 용	用
田	밭 전	田 界 男 由 留 番 畫
疒	병질 엄	病
癶	필발머리	登 發
白	흰 백	白 百 的
皿	그릇 명	益
目	눈 목	目 相 眼 省 着 直 眞
矢	화살 시	短 知
石	돌 석	石 硏
示	보일 시	示 禁 福 神 祖 祝 禮
禾	벼 화	科 私 秋 移 稅 種

穴 ▶	구멍 혈	空 窓 究
立 ▶	설 립	立 競 童 章
竹 ▶	대 죽	竹 答 笑 筆 第 節 等 算
米 ▶	쌀 미	米 精
糸 ▶	실 사	結 約 給 素 紙 絶 終 經 統 綠 線
网 ▶	罒 그물 망	罪
羊 ▶	양 양	羊 美 義
羽 ▶	깃 우	習
老 ▶	耂 늙을 로	老 考 者
耳 ▶	귀 이	耳 聞 聖 聲
肉 ▶	月 고기 육	肉 能 育
臣 ▶	신하 신	臣
自 ▶	스스로 자	自
至 ▶	이를 지	至 致
臼 ▶	절구 구	興
舟 ▶	배 주	船
艮 ▶	그칠 간	良
色 ▶	빛 색	色
艸 ▶	⺿ 풀 초	苦 落 英 葉 藝 藥 花 草 萬
虍 ▶	범 호	號
血 ▶	피 혈	血 衆
行 ▶	다닐 행	行 街
衣 ▶	옷 의	衣 表 製
襾 ▶	덮을 아	要 西
見 ▶	볼 견	見 觀 視 親

角 ▶	뿔 각	角 解
言 ▶	말씀 언	言 計 記 訓 訪 設 說 詩 試 話 誠 語 調 認 議 識 課 論 請 讀 變 談
豆 ▶	콩 두	豊
貝 ▶	조개 패	貴 賣 買 財 貯 貨 貧 責 賞 質 賢
赤 ▶	붉을 적	赤
走 ▶	달아날 주	走 起
足 ▶	발 족	足 路
身 ▶	몸 신	身
車 ▶	수레 거·차	車 輕 軍
辰 ▶	별 진	農
辵 ▶	辶 책받침	過 達 送 運 遠 逆 造 通 退 選 速 進 道 近
邑 ▶	阝 고을 읍	邑 郡 都 部 鄕
酉 ▶	닭 유	醫
里 ▶	마을 리	里 野 量 重
金 ▶	쇠 금	金 銀
長 ▶	긴 장	長
門 ▶	문 문	門 間 開
阜 ▶	阝 언덕 부	陸 陰 限 防 陽
隹 ▶	새 추	難 雄 集
雨 ▶	비 우	雨 雪 電 雲
靑 ▶	푸를 청	靑
非 ▶	아닐 비	非
面 ▶	낯 면	面
韋 ▶	다룸가죽 위	韓

音 ▶	소리 음	音
頁 ▶	머리 혈	頭 順 願 題
風 ▶	바람 풍	風
飛 ▶	날 비	飛
食 ▶	밥 식	食 養 飮
首 ▶	머리 수	首
香 ▶	향기 향	香
馬 ▶	말 마	馬

骨 ▶	뼈 골	體
高 ▶	높을 고	高
魚 ▶	고기 어	魚 鮮
鳥 ▶	새 조	鳥
黃 ▶	누를 황	黃
黑 ▶	검을 흑	黑
鼻 ▶	코 비	鼻
齒 ▶	이 치	齒

한자의 짜임

한자의 짜임이란 수만 자가 되는 한자를 그 성립된 구조 유형에 따라 여섯 가지로 분류한 육서를 말한다. 육서에는 상형·지사·회의·형성·전주·가차가 있다.

1. 상형

구체적인 사물의 모양을 본떠서 글자를 만드는 원리를 상형이라 한다.

木 ▸ 나무의 모양을 본뜸

石 ▸ 언덕 밑에 돌이 굴러 떨어진 모양을 본뜸

鳥 ▸ 새의 모양을 본뜸

山 ▸ 산의 모양을 본뜸

人 ▸ 사람의 모습을 본뜸

子 ▸ 아이의 모습을 본뜸

川 ▸ 시내의 모습을 본뜸

2. 지사

사물의 추상적인 개념을 본떠 만드는 원리를 지사라 한다.

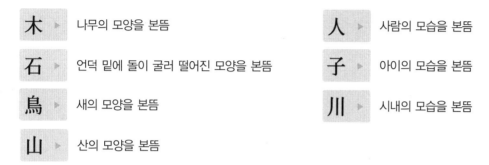

末 ▸ 木(나무) + 一(끝부분 표시)
나무를 나타내는 木과 끝부분을 표시하는 一이 합해서 이루어진 지사 문자로 끝을 뜻함

本 ▸ 木(나무) + 一(뿌리 부분 표시)
나무를 나타내는 木과 뿌리 부분을 표시하는 一이 합해서 이루어진 지사 문자로 근본이나 뿌리를 뜻함

3. 회의

이미 만들어진 두 개 이상의 글자에서 뜻을 모아 새로운 글자를 만드는 원리를 회의라 한다.

林 ▸ 木 + 木
木이 나란히 결합하여 나무가 많이 있는 숲의 뜻을 나타내는 회의 문자

孝 ▸ 老 + 子
老와 子가 결합하여 아들이 부모를 머리 위에 받들고 있는 모양의 회의 문자

4. 형성

이미 만들어진 글자를 결합하여 한쪽은 뜻을, 다른 한쪽은 음을 나타내는 글자를 만드는데, 이런 원리를 형성이라고 한다.

형성자는 한자의 70%를 차지하여 대개의 한자는 두 개 이상의 문자가 뜻 부분과 음 부분으로 구성되어 있다. 형성자는 뜻 부분에서 그 글자의 뜻을 생각할 수 있고, 음 부분에서 그 글자의 음을 추리할 수 있어 알고 있는 한자를 바탕으로 새로운 한자의 뜻과 음을 쉽게 짐작할 수 있다.

景 ▶ 日(뜻), 京(음)	界 ▶ 田(뜻), 介(음)	功 ▶ 力(뜻), 工(음)
空 ▶ 穴(뜻), 工(음)	課 ▶ 言(뜻), 果(음)	洞 ▶ 水(뜻), 同(음)
頭 ▶ 頁(뜻), 豆(음)	想 ▶ 心(뜻), 相(음)	城 ▶ 土(뜻), 成(음)

5. 전주

이미 만들어진 한자만으로는 문화 문명의 발달로 무수히 늘어나는 사물과 개념을 다 표기할 수 없게 되었다. 그러자 기존의 문자 중에서 유사한 뜻을 가진 한자를 다른 뜻으로 전용하게 되었는데, 이를 전주라고 한다.

道 ▶ 본래 '발로 걸어다니는 길'의 뜻인데, 의미가 확대되어 '道德, 道理'에서의 '道'와 같이 '정신적인 길'이라는 뜻으로도 쓰임

惡 ▶ 본래 '악하다'는 뜻으로 음이 '악'이었으나, 악한 것은 모두 미워하기 때문에 의미가 확대되어 '憎惡, 惡寒'에서와 같이 '미워하다'라는 뜻으로 쓰이며, '오'라는 음으로 불림

6. 가차

이미 만들어진 한자를 원래 뜻에 관계없이 음만 빌어다 쓰는 것으로 아래와 같이 외래어 표기에 많이 사용되며, 의성어나 의태어 표기에도 쓰인다.

France ▶ 佛蘭西(불란서)	Asia ▶ 亞細亞(아세아)
Buddha ▶ 佛陀(불타)	England ▶ 英國(영국)
Italy ▶ 伊太利(이태리)	Paris ▶ 巴利(파리)

두 자 이상의 한자가 결합하여 한 단위의 의미체를 형성할 때는 반드시 기능상의 관계를 가지게 된다. 한자어의 짜임은 그러한 기능상의 관계를 설명한 것이다. 한자어의 짜임은 문법적 기능에 따라 다음과 같이 분류할 수 있다.

1. 주술 관계

주체가 되는 말(주어)과 서술하는 말(서술어)이 결합된 한자어로 서술어는 행위·동작·상태 등을 나타내고, 주어는 그 주체가 된다. 주어를 먼저 해석하고, 서술어를 나중에 해석하여 '~가(이) ~함'으로 풀이한다.

月出 ▶ 월출 – 달이 뜸
出은 月의 동작을 서술

夜深 ▶ 야심 – 밤이 깊음
深은 夜의 상태를 서술

日出 ▶ 일출 – 해가 뜸
出은 日의 동작을 서술

年少 ▶ 연소 – 나이가 젊음
少는 年의 상태를 서술

人造 ▶ 인조 – 사람이 만듦
造는 人의 동작을 서술

骨折 ▶ 골절 – 뼈가 부러짐
折은 骨의 상태를 서술

2. 술목 관계

서술하는 말(서술어)과 서술의 목적·대상이 되는 말(목적어)이 결합된 한자어로, 서술어는 행위나 동작을 나타내고, 목적어는 대상이 된다. 목적어를 먼저 해석하고, 서술어를 나중에 해석하여 '~를(을) ~함'이라고 풀이한다.

卒業 ▶ 졸업 – 학업을 마침
業은 卒의 목적·대상이 됨

讀書 ▶ 독서 – 글을 읽음
書는 讀의 목적·대상이 됨

作文 ▶ 작문 – 글을 지음
文은 作의 목적·대상이 됨

交友 ▶ 교우 – 벗을 사귐
友는 交의 목적·대상이 됨

修身 ▶ 수신 – 몸을 닦음
身은 修의 목적·대상이 됨

敬老 ▶ 경로 – 늙은이를 공경함
老는 敬의 목적·대상이 됨

3. 술보 관계

서술하는 말(서술어)과 이를 도와 부족한 뜻을 완전하게 해주는 말(보어)이 결합된 한자어로, 서술어는 행위나 동작을 나타내고, 보어는 서술어를 도와 부족한 뜻을 완전하게 해 준다. 보어를 먼저 해석하고 서술어를 나중에 해석하여 '~이(가) ~함', '~에 ~함'으로 풀이한다.

有名 ▶ 유명 – 이름이 있음
名은 有의 뜻을 완전하게 해 줌

無敵 ▶ 무적 – 적이 없음
敵은 無의 뜻을 완전하게 해 줌

無罪 ▶ 무죄 – 허물이 없음
罪는 無의 뜻을 완전하게 해 줌

無法 ▶ 무법 – 법이 없음
法은 無의 뜻을 완전하게 해 줌

有能 ▶ 유능 – 능력이 있음
能은 有의 뜻을 완전하게 해 줌

有限 ▶ 유한 – 한계가 있음
限은 有의 뜻을 완전하게 해 줌

4. 수식 관계

꾸며주는 말(수식어)과 꾸밈을 받는 말(피수식어)이 결합된 한자어로, 앞에 있는 한자가 뒤에 있는 한자를 꾸미거나 한정하는 역할을 한다. 구성되는 한자의 성분에 따라 다음과 같이 나눌 수 있다.

1 관형어 + 체언

관형어가 체언을 수식하는 관계로 짜여진 한자어로, '〜한 〜', '〜하는 〜'로 해석한다.

青山 ▶ 청산 – 푸른 산
青은 山을 꾸미는 말

落葉 ▶ 낙엽 – 떨어지는 잎
落은 葉을 꾸미는 말

白雲 ▶ 백운 – 흰 구름
白은 雲을 꾸미는 말

幼兒 ▶ 유아 – 어린 아이
幼는 兒를 꾸미는 말

2 부사어 + 용언

부사어가 용언을 한정하는 관계로 짜여진 한자어로, '〜 하게 〜함'으로 해석한다.

必勝 ▶ 필승 – 반드시 이김
必은 勝을 꾸미는 말

急行 ▶ 급행 – 급히 감
急은 行을 꾸미는 말

過食 ▶ 과식 – 지나치게 먹음
過는 食을 꾸미는 말

徐行 ▶ 서행 – 천천히 감
徐는 行을 꾸미는 말

5. 병렬 관계

같은 성분의 한자끼리 나란히 병렬되어 짜여진 것으로 이것은 다시 '대립', '유사', '대등'으로 나눌 수 있다.

1 유사 관계

서로 비슷한 뜻을 가진 한자로 이루어진 한자어로, 두 글자의 종합된 뜻으로 풀이한다.

事業 ▶ 사업 – 일
事와 業의 뜻이 서로 같음

衣服 ▶ 의복 – 옷
衣와 服의 뜻이 서로 같음

樹木 ▶ 수목 – 나무
樹와 木의 뜻이 서로 같음

恩惠 ▶ 은혜 – 고마운 혜택
恩과 惠의 뜻이 서로 같음

溫暖 ▶ 온난 – 따뜻함
溫과 暖의 뜻이 서로 같음

海洋 ▶ 해양 – 큰 바다
海와 洋의 뜻이 서로 같음

2 대립 관계

서로 반대되는 의미를 가진 한자가 만나 이루어진 한자어로 '〜와(과) 〜', '〜하고 〜함'으로 해석한다.

上下 ▶ 상하 – 위아래
上과 下의 뜻이 서로 반대

大小 ▶ 대소 – 크고 작음
大와 小의 뜻이 서로 반대

黑白 ▶ 흑백 – 검은 빛과 흰 빛
黑과 白의 뜻이 서로 반대

強弱 ▶ 강약 – 강함과 약함
強과 弱의 뜻이 서로 반대

貧富 ▶ 빈부 – 가난함과 넉넉함
貧과 富의 뜻이 서로 반대

內外 ▶ 내외 – 안과 밖
內와 外의 뜻이 서로 반대

3 대등 관계

서로 대등한 의미를 가진 한자가 만나 이루어진 한자어로 '~와 ~'로 해석한다.

花鳥 ▶ 화조 - 꽃과 새
花와 鳥의 뜻이 서로 대등

松竹 ▶ 송죽 - 소나무와 대나무
松과 竹의 뜻이 서로 대등

父母 ▶ 부모 - 아버지와 어머니
父와 母의 뜻이 서로 대등

子女 ▶ 자녀 - 아들과 딸
子와 女의 뜻이 서로 대등

兄弟 ▶ 형제 - 형과 동생
兄과 弟의 뜻이 서로 대등

正直 ▶ 정직 - 바르고 곧음
正과 直의 뜻이 서로 대등

필순의 기본 원칙이란 하나의 글자를 쓰고자 할 때 그 글자를 이루어가는 기본적인 순서를 말한다.

1. 왼쪽에서 오른쪽으로, 위에서 아래로 쓴다.

川	내 천	총3획
	川 川 川	

三	석 삼	총3획
	三 三 三	

2. 가로획과 세로획이 교차할 때에는 가로획을 먼저 쓴다.

十	열 십	총2획
	十 十	

土	흙 토	총3획
	土 土 土	

3. 삐침과 파임이 만날 때에는 삐침을 먼저 쓴다.

人	사람 인	총2획
	人 人	

父	아비 부	총4획
	父 父 父 父	

4. 왼쪽과 오른쪽의 모양이 같을 때에는 가운데를 먼저 쓴다.

山	메 산	총3획
	山 山 山	

水	물 수	총4획
	水 水 水 水	

5. 안과 바깥쪽이 있을 때에는 바깥쪽을 먼저 쓴다.

日	날 일	총4획
	日 日 日 日	

內	안 내	총4획
	內 內 內 內	

6. 꿰뚫는 획은 나중에 쓴다.

中	가운데 중	총4획
	中 中 中 中	

車	수레 거·차	총7획
	車 車 車 車 車 車 車	

7. 오른쪽 위의 점은 나중에 찍는다.

代	대신 대	총5획
	代 代 代 代 代	

武	군인 무	총8획
	武 武 武 武 武 武 武	

8. 삐침이 짧고 가로획이 길면 삐침을 먼저 쓴다.

右	오른쪽 우	총5획
	右 右 右 右 右	

9. 삐침이 길고 가로획이 짧으면 가로획을 먼저 쓴다.

左	왼 좌	총5획
	左 左 左 左 左	

CHAPTER 02

한자 쓰기 연습
4급 한자 300자 · 5급 한자 600자

이 장은

5급 한자 600자, 4급 한자 300자를 합하여

총 900자로 구성되어 있다.

각 한자의 하단에 있는

음훈, 부수, 획수, 육서(한자의 짜임)를 확인해가며

각각 10회씩 써보자.

* 필순과 한자의 짜임에 대한 문제는 5급까지만 해당되므로
5급 한자에만 필순과 육서(한자의 짜임)를 표기하였습니다.
부수와 획수도 5급까지만 해당되지만 자전(字典) 사용을
고려하여 4급 한자에도 표기하였습니다.

					筆順						
001 5급 家 가	집 가	宀부 총10획 회의문자	家	家	家	` ` 宀 宁 宁 宏 宏 穿 家 家					
002 5급 街 가	거리 가	行부 총12획 형성문자	街	街	街	` ` 彳 彳 午 牛 伟 佳 佳 街 街					
003 5급 可 가	옳을 가	口부 총5획 회의문자	可	可	可	一 丆 丆 可 可					
004 5급 歌 가	노래 가	欠부 총14획 형성문자	歌	歌	歌	一 丆 丆 可 可 可 哥 哥 哥 哥 歌 歌 歌					
005 5급 加 가	더할 가	力부 총5획 회의문자	加	加	加	フ カ 加 加 加					
006 5급 價 가	값 가	亻=人부 총15획 형성문자	價	價	價	` 亻 亻 仴 伵 価 価 價 價 價 價 價 價 價 價					
007 4급 佳 가	아름다울 가	亻=人부 총8획	佳	佳	佳						
008 4급 假 가	거짓 가	亻=人부 총11획	假	假	假						
009 5급 角 각	뿔 각	角부 총7획 상형문자	角	角	角	` ` 宀 内 角 角 角					
010 5급 各 각	각각 각	口부 총6획 회의문자	各	各	各	` ク 久 冬 各 各					
011 4급 脚 각	다리 각	月=肉부 총11획	脚	脚	脚						
012 5급 間 간	사이 간	門부 총12획 회의문자	間	間	間	｜ 丨 卩 邝 門 門 門 門 間 間 間					
013 5급 干 간	방패 간	干부 총3획 상형문자	干	干	干	一 二 干					
014 4급 看 간	볼 간	目부 총9획	看	看	看						
015 4급 渴 갈	목마를 갈	氵=水부 총12획	渴	渴	渴						

016 4급 減 감	減 減 減									
덜 **감**	⺡=水부 총12획									

017 5급 感 감	感 感 感									
느낄 **감**	心부 총13획 형성문자	ノ 厂 厂 厂 瓦 咸 咸 咸 咸 感 感 感								

018 4급 甘 감	甘 甘 甘									
달 **감**	甘부 총5획									

019 4급 敢 감	敢 敢 敢									
감히 **감**	攵=攴부 총12획									

020 4급 甲 갑	甲 甲 甲									
갑옷 **갑**	田부 총5획									

021 5급 江 강	江 江 江									
강 **강**	⺡=水부 총6획 형성문자	﹅ ﹅ ﹅ 江 江 江								

022 5급 強 강	強 強 強									
강할 **강**	弓부 총12획 형성문자	﹁ ﹁ 弓 弘 弡 弨 弨 弨 弜 弹 強 強								

023 4급 降 강	降 降 降									
내릴 **강**	⻖=阜부 총9획									

024 4급 講 강	講 講 講									
욀 **강**	言부 총17획									

025 5급 改 개	改 改 改									
고칠 **개**	攵=攴부 총7획 회의문자	﹁ ﹁ 己 己 改 改 改								

026 5급 個 개	個 個 個									
낱 **개**	亻=人부 총10획 형성문자	ノ 亻 亻 们 们 個 個 個 個 個								

027 5급 開 개	開 開 開									
열 **개**	門부 총12획 회의문자	｜ ｜ ｢ 『 『 門 門 門 門 閂 閂 開 開								

028 4급 皆 개	皆 皆 皆									
다 **개**	白부 총9획									

029 5급 客 객	客 客 客									
손 **객**	宀부 총9획 형성문자	﹅ ﹅ 宀 宀 宁 safe 客 客								

030 4급 更 갱	更 更 更									
다시 **갱**/고칠 **경**	曰부 총7획									

031 5급 去 거	갈 거	ㅿ부 총5획 회의문자	一 十 土 去 去
032 4급 巨 거	클 거	工부 총5획	
033 5급 車 거	수레 거(차)	車부 총7획 상형문자	一 厂 厅 方 百 亘 車
034 5급 擧 거	들 거	手부 총18획 회의문자	' 「 「 」 『 『 』 』 卵 卵 卵 卵 與 與 與 與 擧 擧
035 4급 居 거	살 거	尸부 총8획	
036 5급 建 건	세울 건	廴부 총9획 회의문자	기 구 구 크 코 聿 聿 津 建 建
037 4급 乾 건	하늘 건	乙부 총11획	
038 5급 見 견	볼 견	見부 총7획 회의문자	l 冂 冂 月 目 目 見
039 5급 犬 견	개 견	犬부 총4획 상형문자	一 ナ 大 犬
040 4급 堅 견	굳을 견	土부 총11획	
041 5급 決 결	결단할 결	氵=水부 총7획 회의문자	' 氵 氵 沪 沪 決 決
042 5급 結 가	맺을 결	糸부 총12획 형성문자	' 幺 幺 幺 幺 糸 糸 紅 紅 紅 結 結 結
043 4급 潔 결	깨끗할 결	氵=水부 총15획	
044 5급 京 경	서울 경	亠부 총8획 상형문자	' 一 六 六 古 亨 京 京
045 5급 景 경	볕 경	日부 총12획 형성문자	' 冂 冂 日 旦 早 吴 异 롬 景 景 景

046 4급 경	輕	輕	輕	輕								
	가벼울 **경**	車부 총14획										
047 5급 경	經	經	經	經	﹋ ﹉ 幺 糹 糹 糹 糹 糽 經 經 經 經 經							
	지날 **경**	糸부 총13획 형성문자										
048 5급 경	敬	敬	敬	敬	﹢ ﹢ ﹢ ﹢ ﹐ 芍 芍 芍 苟 苟 苟 敬 敬							
	공경 **경**	攵=攴부 총13획 회의문자										
049 5급 경	慶	慶	慶	慶	﹐ ﹢ 广 广 广 庐 庐 声 庐 唐 鹿 鹿 庱 庱 慶							
	경사 **경**	心부 총15획 회의문자										
050 5급 경	競	競	競	競	﹐ ﹢ ﹢ 立 立 音 音 竞 竞 竞 竞 竞 竞 竞 竞 竞 竞 競							
	다툴 **경**	立부 총20획 회의문자										
051 4급 경	庚	庚	庚	庚								
	별 **경**	广부 총8획										
052 4급 경	耕	耕	耕	耕								
	밭갈 **경**	耒부 총10획										
053 4급 경	驚	驚	驚	驚								
	놀랄 **경**	馬부 총23획										
054 5급 계	季	季	季	季	﹐ ﹢ ﹢ 禾 禾 禾 季 季							
	계절 **계**	子부 총8획 회의문자										
055 5급 계	界	界	界	界	﹨ 口 曰 田 田 甲 界 界 界							
	지경 **계**	田부 총9획 형성문자										
056 5급 계	計	計	計	計	﹨ ﹢ ﹢ ﹢ 言 言 言 計 計							
	셀 **계**	言부 총9획 회의문자										
057 4급 계	癸	癸	癸	癸								
	북방 **계**	癶부 총9획										
058 4급 계	溪	溪	溪	溪								
	시내 **계**	氵=水부 총13획										
059 4급 계	鷄	鷄	鷄	鷄								
	닭 **계**	鳥부 총21획										
060 5급 고	古	古	古	古	﹣ ﹢ ﹢ 古 古							
	예 **고**	口부 총5획 회의문자										

061 5급 고	故 연고 고	故 故 故	攵=攴부 총9획 회의문자	一 十 古 古 古 苫 苩 故 故
062 5급 고	固 굳을 고	固 固 固	囗부 총8획 형성문자	丨 冂 冂 冃 冄 周 周 固
063 4급 고	苦 쓸 고	苦 苦 苦	卄=艸부 총9획	
064 5급 고	考 생각할 고	考 考 考	耂=老부 총6획 상형문자	一 十 土 耂 耂 考
065 5급 고	高 높을 고	高 高 高	高부 총10획 상형문자	丶 亠 亠 古 古 古 高 高 高 高
066 5급 고	告 고할 고	告 告 告	口부 총7획 회의문자	丿 一 牛 牛 生 告 告
067 5급 곡	曲 굽을 곡	曲 曲 曲	曰부 총6획 상형문자	丨 冂 冂 冉 曲 曲
068 5급 곡	谷 골 곡	谷 谷 谷	谷부 총7획 회의문자	丿 八 父 父 父 谷 谷
069 4급 곡	穀 곡식 곡	穀 穀 穀	禾부 총15획	
070 4급 곤	困 곤할 곤	困 困 困	囗부 총7획	
071 4급 곤	坤 따(땅) 곤	坤 坤 坤	土부 총8획	
072 5급 골	骨 뼈 골	骨 骨 骨	骨부 총10획 회의문자	丨 冂 冂 冎 冎 咼 骨 骨 骨 骨
073 5급 공	工 장인 공	工 工 工	工부 총3획 상형문자	一 丁 工
074 5급 공	功 공 공	功 功 功	力부 총5획 형성문자	一 丁 工 功 功
075 공	空 빌 공	空 空 空	穴부 총8획 형성문자	丶 宀 宀 宀 穴 空 空 空

076 5급 공	共	共	共	共	함께 **공**	八부 총6획 회의문자	一 十 卅 廾 共 共						
077 5급 공	公	公	公	公	공평할 **공**	八부 총4획 회의문자	ノ 八 公 公						
078 5급 과	果	果	果	果	실과 **과**	木부 총8획 상형문자	ノ 冂 曰 曰 旦 里 果 果						
079 5급 과	課	課	課	課	공부할 **과**	言부 총15획 형성문자	` 亠 亠 言 言 言 訂 評 課 課						
080 5급 과	科	科	科	科	과목 **과**	禾부 총9획 회의문자	ノ 二 千 禾 禾 禾 科 科 科						
081 5급 과	過	過	過	過	지날 **과**	辶=辵부 총13획 형성문자	丨 冂 冂 冎 冎 咼 咼 咼 渦 渦 過 過 過						
082 5급 관	官	官	官	官	벼슬 **관**	宀부 총8획 회의문자	` 宀 宀 官 官 官 官 官						
083 5급 관	觀	觀	觀	觀	볼 **관**	見부 총25획 형성문자	` ` 广 苧 苧 苧 莚 華 華 雚 雚 覲 觀 觀 觀 觀 觀						
084 4급 관	關	關	關	關	관계할 **관**	門부 총19획							
085 5급 광	光	光	光	光	빛 **광**	儿부 총6획 회의문자	丨 丬 屮 光 光 光						
086 5급 광	廣	廣	廣	廣	넓을 **광**	广부 총15획 형성문자	` 一 广 广 广 广 庐 庐 席 廣 廣 廣 廣 廣						
087 5급 교	交	交	交	交	사귈 **교**	亠부 총6획 상형문자	` 亠 宀 六 亣 交						
088 5급 교	校	校	校	校	학교 **교**	木부 총10획 형성문자	一 十 才 木 术 朾 柿 栌 柼 校						
089 5급 교	教	教	教	教	가르칠 **교**	攵=攴부 총11획 회의문자	` メ チ ゲ 孝 孝 孝 孝 勢 教 教						
090 4급 교	橋	橋	橋	橋	다리 **교**	木부 총16획							

연습문제 1

01-03 다음 한자(漢字)의 부수(部首)는 무엇입니까?

01 可 : ① 水　② 口　③ 木　④ 日　⑤ 可

02 慶 : ① 广　② 鹿　③ 心　④ 夂　⑤ 一

03 敬 : ① ⁺⁺　② 句　③ 苟　④ 口　⑤ 攵

04-06 다음 한자(漢字)의 획수(劃數)는 모두 몇 획입니까?

04 個 : ① 9　② 10　③ 11　④ 12　⑤ 13

05 季 : ① 5　② 6　③ 7　④ 8　⑤ 9

06 考 : ① 6　② 7　③ 8　④ 9　⑤ 10

07-08 다음 필순(筆順)에 대한 설명에 가장 알맞은 한자(漢字)는 어느 것입니까?

07 가운데를 꿰뚫는 획은 나중에 쓴다.

　　① 決　② 開　③ 車　④ 角　⑤ 君

08 가로획과 세로획이 교차될 때에는 가로획을 먼저 쓴다.

　　① 京　② 空　③ 功　④ 古　⑤ 童

09-18 다음 한자(漢字)의 음(音)은 무엇입니까?

09 角 : ① 견　② 경　③ 강　④ 간　⑤ 각

10 減 : ① 감　② 강　③ 가　④ 거　⑤ 갈

11 間 : ① 견　② 강　③ 간　④ 각　⑤ 결

12 開 : ① 결　② 개　③ 가　④ 간　⑤ 강

13 界 : ① 견　② 경　③ 고　④ 공　⑤ 계

14 曲 : ① 계　② 곡　③ 경　④ 고　⑤ 갑

15 工 : ① 결　② 경　③ 공　④ 계　⑤ 감

16 苦 : ① 곡　② 경　③ 격　④ 고　⑤ 곤

17 佳 : ① 규　② 계　③ 곤　④ 사　⑤ 가

18 驚 : ① 공　② 경　③ 갱　④ 계　⑤ 결

19-23 다음의 음(音)을 가진 한자(漢字)는 어느 것입니까?

19 결 : ① 可　② 車　③ 感　④ 決　⑤ 看

20 강 : ① 家　② 建　③ 强　④ 價　⑤ 渴

21 경 : ① 固　② 景　③ 結　④ 改　⑤ 講

22 공 : ① 耕　② 敬　③ 競　④ 經　⑤ 空

23 곤 : ① 脚　② 敢　③ 乾　④ 困　⑤ 堅

24-33 다음 한자(漢字)의 뜻은 무엇입니까?

24 決 : ① 베다　② 나누다　③ 자르다
　　　④ 결단하다　⑤ 깨끗하다

25 車 : ① 집　② 바다　③ 수레
　　　④ 기구　⑤ 하늘

26 可 : ① 굳다　② 옳다　③ 다르다
　　　④ 나쁘다　⑤ 틀리다

27 開 : ① 듣다　② 닫다　③ 이다
　　　④ 엎다　⑤ 열다

28 個 : ① 볕　② 집　③ 수
　　　④ 낱　⑤ 개

29 故 : ① 공　② 글　③ 연고
　　　④ 경사　⑤ 지나다

30 空 : ① 비다　② 장인　③ 각각
　　　④ 치다　⑤ 세우다

31 固 : ① 오다　② 옛날　③ 굳다
　　　④ 현대　⑤ 고하다

32 關 : ① 열다　② 시내　③ 보다
　　　④ 벼슬　⑤ 관계하다

33 更 : ① 다시　② 계절　③ 공경
　　　④ 넓다　⑤ 다투다

34-38 다음의 뜻을 가진 한자(漢字)는 어느 것입니까?

34 강하다 : ①去 ②間 ③巨 ④強 ⑤輕

35 더하다 : ①各 ②計 ③加 ④改 ⑤擧

36 쓰다 : ①慶 ②皆 ③固 ④考 ⑤苦

37 서울 : ①京 ②經 ③競 ④共 ⑤客

38 깨끗하다 : ①假 ②渴 ③潔 ④溪 ⑤歌

39-48 다음 한자어(漢字語)의 음(音)은 무엇입니까?

39 列強 : ① 강력 ② 강조 ③ 강골 ④ 열강 ⑤ 열도

40 公開 : ① 공개 ② 미개 ③ 개소 ④ 개장 ⑤ 공간

41 過客 : ① 객지 ② 객석 ③ 과객 ④ 객차 ⑤ 과적

42 建物 : ① 건조 ② 재물 ③ 건립 ④ 재건 ⑤ 건물

43 見學 : ① 회견 ② 발견 ③ 견습 ④ 견학 ⑤ 견교

44 固定 : ① 고정 ② 고수 ③ 고체 ④ 고집 ⑤ 고안

45 高價 : ① 고도 ② 고가 ③ 고산 ④ 고교 ⑤ 고매

46 功勞 : ① 성공 ② 공과 ③ 공적 ④ 공로 ⑤ 근로

47 看過 : ① 가장 ② 간과 ③ 간접 ④ 과실 ⑤ 가관

48 皆勤 : ① 출근 ② 결근 ③ 통근 ④ 근면 ⑤ 개근

49-50 다음 단어들의 '□'에 공통으로 들어갈 알맞은 한자(漢字)는 어느 것입니까?

49 □金, □人, □富 :
　　① 客 ② 巨 ③ 街 ④ 歌 ⑤ 癸

50 □固, □實, 中□ :
　　① 過 ② 改 ③ 堅 ④ 建 ⑤ 鷄

091 5급 구	九	九	九	九		아홉 구	乙부 총2획 지사문자	ノ 九

092 5급 구	口	口	口	口		입 구	口부 총3획 상형문자	丨 口 口

093 5급 구	救	救	救	救		구원할 구	攵=攴부 총11획 형성문자	一 十 寸 求 求 求 求 救 救 救 救

094 5급 구	究	究	究	究		연구할 구	穴부 총7획 형성문자	丶 宀 宀 穴 究 究 究

095 5급 구	句	句	句	句		글귀 구	口부 총5획 형성문자	ノ 勹 勹 句 句

096 5급 구	求	求	求	求		구할 구	水부 총7획 상형문자	一 十 寸 才 求 求 求

097 5급 구	久	久	久	久		오랠 구	ノ부 총3획 지사문자	ノ 夂 久

098 4급 구	舊	舊	舊	舊		예 구	臼부 총18획

099 5급 국	國	國	國	國		나라 국	囗부 총11획 회의문자	丨 冂 冂 冂 冋 同 同 咸 國 國 國

100 5급 군	君	君	君	君		임금 군	口부 총7획 회의문자	ㄱ ㄱ ㄱ 尹 尹 君 君

101 5급 군	軍	軍	軍	軍		군사 군	車부 총9획 회의문자	丶 冖 冖 冖 宣 宣 軍 軍 軍

102 5급 군	郡	郡	郡	郡		고을 군	ß=邑부 총10획 형성문자	ㄱ ㄱ ㄱ 尹 尹 君 君 君' 郡 郡

103 5급 궁	弓	弓	弓	弓		활 궁	弓부 총3획 상형문자	ㄱ ㄱ 弓

104 5급 권	權	權	權	權		권세 권	木부 총22획 형성문자	一 十 才 才 才 术 朴 朴 朴 梢 梢 梢 権 権 権 権 権 権 権 権

105 4급 권	卷	卷	卷	卷		책 권	민=卩부 총8획

106 4급 勸	勸	勸	勸							
권	권할 **권**	力부 총20획								

107 5급 貴	貴	貴	貴							
귀	귀할 **귀**	貝부 총12획 형성문자	`丶 ⼀ ⼝ 中 虫 虫 贵 贵 贵 贵 貴 貴`							

108 4급 歸	歸	歸	歸							
귀	돌아갈 **귀**	止부 총18획								

109 4급 均	均	均	均							
균	고를 **균**	土부 총7획								

110 4급 極	極	極	極							
극	극진할 **극**	木부 총13획								

111 5급 近	近	近	近							
근	가까울 **근**	辶=辵부 총8획 형성문자	`丶 ⼁ ⼻ ⺁ 斤 沂 沂 近`							

112 5급 勤	勤	勤	勤							
근	부지런할 **근**	力부 총13획 형성문자	`⼀ ⼗ 艹 艹 𦬅 芦 苫 节 堇 堇 堇 勤 勤`							

113 5급 根	根	根	根							
근	뿌리 **근**	木부 총10획 형성문자	`⼀ ⼗ 才 木 札 朾 柯 柯 根 根`							

114 5급 金	金	金	金							
금	쇠 **금**/성 **김**	金부 총8획 형성문자	`丿 ⼈ 𠆢 仐 全 全 金 金`							

115 5급 今	今	今	今							
금	이제 **금**	人부 총4획 회의문자	`丿 ⼈ 𠆢 今`							

116 5급 禁	禁	禁	禁							
금	금할 **금**	示부 총13획 형성문자	`⼀ ⼗ 才 木 𣏂 朴 村 林 林 �square 林 禁 禁`							

117 4급 給	給	給	給							
급	줄 **급**	糸부 총12획								

118 4급 急	急	急	急							
급	급할 **급**	心부 총9획								

119 4급 及	及	及	及							
급	미칠 **급**	又부 총4획								

120 5급 記	記	記	記							
기	기록할 **기**	言부 총10획 형성문자	`丶 ㇇ ⼆ 言 言 言 言 記 記 記`							

121 5급 期 기	期	期	期								
기약할 기	月部 총12획 형성문자		一 十 廿 甘 甘 其 其 其 期 期 期 期								

122 5급 基 기	基	基	基								
터 기	土部 총11획 형성문자		一 十 廿 甘 甘 其 其 其 其 基 基								

123 5급 氣 기	氣	氣	氣								
기운 기	气部 총10획 형성문자		丿 二 广 气 气 气 氣 氣 氣 氣								

124 5급 技 기	技	技	技								
재주 기	扌=手部 총7획 형성문자		一 十 扌 扌 扩 抜 技								

125 5급 己 기	己	己	己								
몸 기	己部 총3획 상형문자		㇇ ㇈ 己								

126 5급 起 기	起	起	起								
일어날 기	走部 총10획 형성문자		一 十 土 キ キ 未 走 起 起 起								

127 5급 其 기	其	其	其								
그 기	八部 총8획 상형문자		一 十 廿 甘 甘 其 其 其								

128 4급 幾 기	幾	幾	幾								
몇 기	幺部 총12획										

129 4급 旣 기	旣	旣	旣								
이미 기	旡=无部 총11획										

130 5급 吉 길	吉	吉	吉								
길할 길	口部 총6획 회의문자		一 十 士 吉 吉 吉								

131 5급 難 난	難	難	難								
어려울 난	隹部 총19획 형성문자		一 十 廿 廿 廿 甚 芇 苗 茣 茣 茣 菓 鄭 難 難 難 難								

132 4급 暖 난	暖	暖	暖								
따뜻할 난	日部 총13획										

133 5급 南 남	南	南	南								
남녘 남	十部 총9획 상형문자		一 十 广 内 内 内 南 南 南								

134 5급 男 남	男	男	男								
사내 남	田部 총7획 회의문자		丶 冂 囗 田 田 男 男								

135 5급 內 내	內	內	內								
안 내	入部 총4획 회의문자		丨 冂 內 內								

136 **4급** 내	乃	乃	乃	乃										
	이에 **내**	ノ부 총2획												
			乃 乃 乃											

137 **5급** 녀	女	女	女	女										
	계집 **녀**	女부 총3획 **상형문자**												
			く 女 女											

138 **5급** 년	年	年	年	年										
	해 **년**	干부 총6획 **형성문자**												
			ノ ヒ ヒ ヒ 年 年										

139 **5급** 념	念	念	念	念										
	생각 **념**	心부 총8획 **형성문자**												
			ノ 人 人 今 今 念 念 念										

140 **4급** 노	怒	怒	怒	怒										
	성낼 **노**	心부 총9획												

141 **5급** 농	農	農	農	農										
	농사 **농**	辰부 총13획 **회의문자**												
			丶 冂 冂 曲 曲 曲 曲 芦 芦 芦 農 農 農										

142 **5급** 능	能	能	能	能										
	능할 **능**	月=肉부 총10획 **상형문자**												
			✓ ム 乍 台 台 台 台 能 能 能										

143 **5급** 다	多	多	多	多										
	많을 **다**	夕부 총6획 **회의문자**												
			ノ ク タ タ 多 多										

144 **5급** 단	單	單	單	單										
	홑 **단**	口부 총12획 **상형문자**												
			丶 冂 口 口 吅 吅 吅 閂 閂 習 單 單										

145 **5급** 단	短	短	短	短										
	짧을 **단**	矢부 총12획 **회의문자**												
			ノ ㅏ ㅗ 亇 矢 矤 矤 知 知 知 短 短										

146 **4급** 단	端	端	端	端										
	끝 **단**	立부 총14획												

147 **5급** 단	丹	丹	丹	丹										
	붉을 **단**	、부 총4획 **지사문자**												
			ノ 刀 刀 丹											

148 **4급** 단	但	但	但	但										
	다만 **단**	イ=人부 총7획												

149 **5급** 달	達	達	達	達										
	통달할 **달**	辶=辵부 총13획 **회의문자**												
			一 十 土 キ 去 去 幸 幸 幸 `幸 達 達 達										

150 **5급** 담	談	談	談	談										
	말씀 **담**	言부 총15획 **형성문자**												
			丶 二 二 三 言 言 言 言 訁 談 談 談 談 談 談										

151 [5급] 답	答	答	答	答	대답 답	竹부 총12획 형성문자	ノ ハ ヶ ゲ ゲ 竹 竹 ゲ 产 筌 筌 答 答
152 [5급] 당	堂	堂	堂	堂	집 당	土부 총11획 형성문자	` ` `` `` `` `` `` `` `` `` 堂 堂 堂
153 [4급] 당	當	當	當	當	마땅 당	田부 총13획	
154 [5급] 대	大	大	大	大	큰 대	大부 총3획 상형문자	一 ナ 大
155 [5급] 대	對	對	對	對	대할 대	寸부 총14획 회의문자	` ` `` `` `` `` `` `` `` `` `` `` 對 對
156 [5급] 대	代	代	代	代	대신 대	イ=人부 총5획 형성문자	ノ イ 仁 代 代
157 [4급] 대	待	待	待	待	기다릴 대	彳부 총9획	
158 [5급] 덕	德	德	德	德	큰 덕	彳부 총15획 형성문자	` ` イ 彳 彳 彳 彳 德 德 德 德 德 德 德
159 [5급] 도	到	到	到	到	이를 도	刂=刀부 총8획 형성문자	一 二 工 五 至 至 到 到
160 [5급] 도	度	度	度	度	법도 도	广부 총9획 형성문자	` 亠 广 广 产 序 庐 度 度
161 [5급] 도	道	道	道	道	길 도	辶=辵부 총13획 회의문자	` ` 亠 亠 产 肖 首 首 首 道 道 道
162 [5급] 도	島	島	島	島	섬 도	山부 총10획 형성문자	` イ 丫 卢 自 自 鳥 島 島 島
163 [5급] 도	都	都	都	都	도읍 도	阝=邑부 총12획 형성문자	一 十 土 耂 耂 者 者 者 者 都 都
164 [5급] 도	圖	圖	圖	圖	그림 도	口부 총14획 회의문자	丨 冂 冂 冋 冋 冋 圀 圖 圖 圖 圖 圖 圖 圖
165 [5급] 도	刀	刀	刀	刀	칼 도	刀부 총2획 상형문자	フ 刀

166 4급 도	徒	徒	徒	徒					
	무리 **도**	彳부 총10획							

167 5급 독	獨	獨	獨	獨					
	홀로 **독**	犭=犬부 총16획 형성문자			ノ ｲ ｲ ｲ 犭 犭 犭 犷 犸 犸 猸 猸 獨 獨 獨 獨				

168 5급 독	讀	讀	讀	讀					
	읽을 **독**	言부 총22획 형성문자			` ー ‐ ≡ 글 言 言 訁 訃 訪 讀 讀 讀 讀 讀 讀 讀 讀 讀				

169 5급 동	同	同	同	同					
	한가지 **동**	口부 총6획 회의문자			l 冂 冂 冋 同 同				

170 5급 동	洞	洞	洞	洞					
	골 **동**	氵=水부 총9획 형성문자			` ` 氵 氵 洏 洞 洞 洞 洞				

171 5급 동	童	童	童	童					
	아이 **동**	立부 총12획 회의문자			` 一 ˉ 立 产 产 音 音 音 童 童				

172 5급 동	冬	冬	冬	冬					
	겨울 **동**	冫부 총5획 회의문자			ノ ク 夂 冬 冬				

173 5급 동	東	東	東	東					
	동녘 **동**	木부 총8획 상형문자			一 厂 闩 甪 甪 東 東 東				

174 5급 동	動	動	動	動					
	움직일 **동**	力부 총11획 형성문자			` 一 ‐ 斤 斤 台 盲 重 重 動 動				

175 5급 두	頭	頭	頭	頭					
	머리 **두**	頁부 총16획 형성문자			一 ‐ 豆 豆 豆 豆 豇 豇 豇 頭 頭 頭 頭 頭 頭 頭				

176 5급 두	斗	斗	斗	斗					
	말 **두**	斗부 총4획 상형문자			` ‐ 三 斗				

177 5급 두	豆	豆	豆	豆					
	콩 **두**	豆부 총7획 상형문자			一 ㅜ 쿠 귿 豆 豆 豆				

178 5급 득	得	得	得	得					
	얻을 **득**	彳부 총11획 회의문자			` ク ｲ ｲ 彳 彳 𧘇 但 彳 得 得				

179 5급 등	等	等	等	等					
	무리 **등**	竹부 총12획 회의문자			` ` ` ゲ 竺 竺 竺 竿 笋 笋 等 等				

180 5급 등	登	登	登	登					
	오를 **등**	癶부 총12획 회의문자			ヌ ヌ ヌ ゲ ゲ 癶 癶 癶 登 登 登 登				

연습문제2

01-03 다음 한자(漢字)의 부수(部首)는 무엇입니까?

01 期：①其　②甘　③八　④一　⑤月

02 單：①口　②十　③田　④早　⑤由

03 堂：①呈　②土　③口　④龸　⑤壬

04-06 다음 한자(漢字)의 획수(劃數)는 모두 몇 획입니까?

04 己：①2　②3　③4　④5　⑤6

05 冬：①3　②4　③5　④6　⑤7

06 度：①8　②9　③10　④11　⑤12

07-08 다음 필순(筆順)에 대한 설명에 가장 알맞은 한자(漢字)는 어느 것입니까?

07 꿰뚫는 획은 나중에 쓴다.

　　①男　②起　③吉　④年　⑤其

08 안과 바깥쪽이 있을 때에는 바깥쪽을 먼저 쓴다.

　　①大　②都　③達　④圖　⑤答

09-18 다음 한자(漢字)의 음(音)은 무엇입니까?

09 己：①길　②난　③노　④기　⑤금

10 技：①남　②기　③내　④급　⑤길

11 今：①념　②기　③금　④근　⑤두

12 難：①난　②근　③념　④노　⑤내

13 內：①금　②노　③기　④근　⑤내

14 短：①도　②단　③담　④능　⑤대

15 談：①동　②단　③다　④담　⑤독

16 代：①독　②답　③대　④담　⑤당

17 均：①규　②계　③균　④군　⑤기

18 暖：①낭　②내　③단　④계　⑤난

19-23 다음의 음(音)을 가진 한자(漢字)는 어느 것입니까?

19 근：①起　②根　③男　④吉　⑤舊

20 기：①基　②南　③今　④近　⑤卷

21 도：①度　②大　③獨　④讀　⑤及

22 도：①丹　②冬　③東　④多　⑤到

23 기：①久　②權　③既　④待　⑤豆

24-33 다음 한자(漢字)의 뜻은 무엇입니까?

24 禁 : ① 심다　② 금하다　③ 뿌리다
④ 가지다　⑤ 이르다

25 記 : ① 취하다　② 말하다　③ 기록하다
④ 연설하다　⑤ 통달하다

26 氣 : ① 법도　② 상승　③ 온기
④ 기류　⑤ 기운

27 起 : ① 세우다　② 오르다　③ 고치다
④ 정하다　⑤ 일어나다

28 難 : ① 새　② 날다　③ 쉽다
④ 어렵다　⑤ 성내다

29 談 : ① 군사　② 훈계　③ 전설
④ 설화　⑤ 말씀

30 冬 : ① 봄　② 겨울　③ 가을
④ 여름　⑤ 계절

31 島 : ① 새　② 산　③ 섬
④ 홀　⑤ 집

32 歸 : ① 급하다　② 귀하다　③ 고르다
④ 돌아가다　⑤ 부지런하다

33 待 : ① 대하다　② 빌리다　③ 대답하다
④ 대신하다　⑤ 기다리다

34-38 다음의 뜻을 가진 한자(漢字)는 어느 것입니까?

34 성내다 : ① 金　② 己　③ 怒　④ 急　⑤ 都

35 주다　 : ① 給　② 內　③ 念　④ 吉　⑤ 當

36 읽다　 : ① 讀　② 獨　③ 談　④ 單　⑤ 期

37 짧다　 : ① 農　② 洞　③ 但　④ 對　⑤ 短

38 끝　　 : ① 端　② 救　③ 君　④ 乃　⑤ 勸

39-48 다음 한자어(漢字語)의 음(音)은 무엇입니까?

39 不吉 : ① 불길　② 길일　③ 불운　④ 불행　⑤ 부고

40 苦難 : ① 수난　② 재난　③ 고난　④ 험난　⑤ 곤난

41 國內 : ① 국가　② 국외　③ 안내　④ 국제　⑤ 국내

42 信念 : ① 이념　② 신념　③ 정념　④ 신조　⑤ 집념

43 基地 : ① 기지　② 기항　③ 토지　④ 기조　⑤ 기초

44 食堂 : ① 정당　② 강당　③ 식사　④ 성당　⑤ 식당

45 角度 : ① 각축　② 온도　③ 각도　④ 절도　⑤ 촉각

46 道路 : ① 인도　② 도로　③ 통로　④ 차도　⑤ 도반

47 言及 : ① 언동　② 언급　③ 금지　④ 시급　⑤ 언행

48 權利 : ① 권고　② 편리　③ 근력　④ 권력　⑤ 권리

49-50 다음 단어들의 '□'에 공통으로 들어갈 알맞은 한자(漢字)는 어느 것입니까?

49 □間, 時□, □待 :
① 期　② 男　③ 給　④ 吉　⑤ 動

50 □接, 期□, 應□ :
① 短　② 待　③ 徒　④ 當　⑤ 頭

181 4급 등	燈	燈 燈 燈	등 등	火부 총16획	
182 5급 락	落	落 落 落	떨어질 락	++=艸부 총13획 형성문자	一 十 廾 艹 扩 莎 莎 茨 茨 落 落 落
183 5급 락	樂	樂 樂 樂	즐길 락/노래 악	木부 총15획 상형문자	′ 冖 冖 白 白 乡 絈 絈 絈 絈 纄 樂 樂 樂
184 5급 란	卵	卵 卵 卵	알 란	卩부 총7획 상형문자	′ Ը Ĕ 身 卵 卵 卵
185 4급 랑	浪	浪 浪 浪	물결 랑	氵=水부 총10획	
186 4급 랑	郎	郎 郎 郎	사내 랑	阝=邑부 총10획	
187 5급 래	來	來 來 來	올 래	人부 총8획 상형문자	一 厂 厷 厹 巫 来 來 來
188 5급 랭	冷	冷 冷 冷	찰 랭	冫부 총7획 형성문자	′ 冫 冸 冫 汄 汵 冷 冷
189 5급 량	良	良 良 良	어질 량	艮부 총7획 상형문자	′ ㅋ ㅋ 宁 皀 良 良
190 5급 량	兩	兩 兩 兩	두 량	入부 총8획 상형문자	一 厂 厅 币 币 兩 兩 兩
191 5급 량	量	量 量 量	헤아릴 량	里부 총12획 회의문자	′ 冖 日 旦 旦 昌 咢 咢 畕 量 量 量
192 4급 량	凉	凉 凉 凉	서늘할 량	冫부 총10획	
193 5급 려	旅	旅 旅 旅	나그네 려	方부 총10획 회의문자	′ ㄴ 亐 方 方 扩 斿 斿 旅 旅
194 5급 력	力	力 力 力	힘 력	力부 총2획 상형문자	丁 力
195 5급 력	歷	歷 歷 歷	지날 력	止부 총16획 형성문자	一 厂 厂 厈 厈 厈 厈 厈 厍 厤 厤 厤 歷 歷 歷 歷

196 5급 련	連	連 連 連	이을 **련**	辶=辵부 총11획 회의문자	一 厂 Π 戸 百 亘 車 連 連 連 連
197 4급 련	練	練 練 練	익힐 **련**	糸부 총15획	
198 5급 렬	列	列 列 列	벌일 **렬**	刂=刀부 총6획 회의문자	一 歹 歹 歹 列 列
199 4급 렬	烈	烈 烈 烈	매울 **렬**	灬=火부 총10획	
200 5급 령	令	令 令 令	하여금 **령**	人부 총5획 회의문자	丿 人 人 今 令
201 4급 령	領	領 領 領	거느릴 **령**	頁부 총14획	
202 5급 례	例	例 例 例	법식 **례**	亻=人부 총8획 형성문자	丿 亻 亻 伂 佴 佴 例 例
203 5급 례	禮	禮 禮 禮	예도 **례**	示부 총18획 형성문자	一 二 亍 亍 示 示 剂 袖 袖 袖 禮 禮 禮 禮 禮 禮
204 5급 로	路	路 路 路	길 **로**	足부 총13획 회의문자	丶 口 口 무 무 무 무 趵 趵 趵 路 路 路
205 5급 로	老	老 老 老	늙을 **로**	老부 총6획 상형문자	一 十 土 耂 考 老
206 5급 로	勞	勞 勞 勞	일할 **로**	力부 총12획 회의문자	丶 丷 丷 丷 炗 炗 炓 炓 炒 勞 勞 勞
207 4급 로	露	露 露 露	이슬 **로**	雨부 총21획	
208 4급 록	綠	綠 綠 綠	푸를 **록**	糸부 총14획	
209 5급 론	論	論 論 論	논할 **론**	言부 총15획 형성문자	丶 二 亠 言 言 言 訡 診 診 論 論 論 論
210 5급 료	料	料 料 料	헤아릴 **료**	斗부 총10획 회의문자	丶 丷 斗 半 米 米 米 料 料

211 5급 류	流	流	流	流						
	흐를 **류**	⺡=水부 총10획 회의문자	`丶 氵 氵 氵 浐 浐 浐 浐 流 流						

212 5급 류	留	留	留	留						
	머무를 **류**	田부 총10획 형성문자	`丿 匚 匚 卯 卯 郘 郘 留 留						

213 4급 류	柳	柳	柳	柳						
	버들 **류**	木부 총9획								

214 5급 륙	六	六	六	六						
	여섯 **륙**	八부 총4획 지사문자	`丶 一 六 六						

215 5급 륙	陸	陸	陸	陸						
	뭍 **륙**	⻖=阜부 총11획 형성문자	`丿 彐 彐 彐 阹 阹 陆 陸 陸 陸						

216 4급 륜	倫	倫	倫	倫						
	인륜 **륜**	⺅=人부 총10획								

217 5급 률	律	律	律	律						
	법칙 **률**	⼻부 총9획 회의문자	`丿 夕 彳 彳 行 行 律 律 律						

218 5급 리	里	里	里	里						
	마을 **리**	里부 총7획 회의문자	`丨 口 曰 日 旦 甲 里						

219 5급 리	理	理	理	理						
	다스릴 **리**	王=玉부 총11획 형성문자	`一 = 王 王 珇 珇 珇 珇 理 理 理						

220 5급 리	利	利	利	利						
	이로울 **리**	⼑=刀부 총7획 회의문자	`丿 二 千 禾 禾 利 利						

221 4급 리	李	李	李	李						
	오얏 **리**	木부 총7획								

222 5급 림	林	林	林	林						
	수풀 **림**	木부 총8획 회의문자	`一 十 才 木 朮 朴 材 林						

223 5급 립	立	立	立	立						
	설 **립**	立부 총5획 상형문자	`丶 二 六 立 立						

224 5급 마	馬	馬	馬	馬						
	말 **마**	馬부 총10획 상형문자	`丨 厂 厂 厈 馬 馬 馬 馬 馬						

225 4급 막	莫	莫	莫	莫						
	없을 **막**	⺿=艸부 총11획								

226 5급 萬 만	萬	萬	萬							
일만 **만**	++=艸부 총13획 **상형문자**			`ノ ナ ナ サ サ サ 古 古 芦 芦 萬 萬 萬`						

227 5급 滿 만	滿	滿	滿							
찰 **만**	シ=水부 총14획 **형성문자**			`ヽ ゝ ラ 沪 汴 泄 泄 泄 满 满 满 满 满 满`						

228 4급 晚 만	晚	晚	晚							
늦을 **만**	日부 총12획									

229 5급 末 말	末	末	末							
끝 **말**	木부 총5획 **지사문자**			`一 ニ 丰 才 末`						

230 5급 望 망	望	望	望							
바랄 **망**	月부 총11획 **형성문자**			`ヽ ゛ セ 切 扣 珀 珀 珀 望 望 望`						

231 5급 亡 망	亡	亡	亡							
망할 **망**	亠부 총3획 **상형문자**			`ヽ ー 亡`						

232 4급 忙 망	忙	忙	忙							
바쁠 **망**	忄=心부 총6획									

233 4급 忘 망	忘	忘	忘							
잊을 **망**	心부 총7획									

234 5급 每 매	每	每	每							
매양 **매**	母부 총7획 **상형문자**			`ノ ー 仁 与 毎 毎 每`						

235 4급 買 매	買	買	買							
살 **매**	貝부 총12획									

236 5급 賣 매	賣	賣	賣							
팔 **매**	貝부 총15획 **회의문자**			`十 士 吉 吉 声 吉 吉 声 壶 壶 青 青 賣 賣 賣`						

237 4급 妹 매	妹	妹	妹							
누이 **매**	女부 총8획									

238 4급 麥 맥	麥	麥	麥							
보리 **맥**	麥부 총11획									

239 5급 勉 면	勉	勉	勉							
힘쓸 **면**	力부 총9획 **형성문자**			`ノ ゟ 夕 免 免 免 免 勉 勉`						

240 5급 面 면	面	面	面							
낯 **면**	面부 총9획 **상형문자**			`一 ア ア 丙 币 而 而 面 面`						

241 4급 免 면	免할 면	儿부 총8획	免	免	免								
242 4급 眠 면	잘 면	目부 총10획	眠	眠	眠								
243 5급 名 명	이름 명	口부 총6획 회의문자	ノクタタ名名										
244 5급 命 명	목숨 명	口부 총8획 회의문자	ノ人へ合合合命命										
245 5급 明 명	밝을 명	日부 총8획 회의문자	丨冂冃日日明明明										
246 4급 鳴 명	울 명	鳥부 총14획	鳴	鳴	鳴								
247 5급 母 모	어미 모	母부 총5획 상형문자	乚뮤뮤母母										
248 5급 毛 모	터럭(털) 모	毛부 총4획 상형문자	彡彡三毛										
249 4급 暮 모	저물 모	日부 총15획	暮	暮	暮								
250 5급 木 목	나무 목	木부 총4획 상형문자	一十才木										
251 5급 目 목	눈 목	目부 총5획 상형문자	丨冂冂目目										
252 4급 卯 묘	토끼 묘	卩부 총5획	卯	卯	卯								
253 4급 妙 묘	묘할 묘	女부 총7획	妙	妙	妙								
254 5급 武 무	군인 무	止부 총8획 회의문자	一二干千千正武武										
255 5급 務 무	힘쓸 무	力부 총11획 형성문자	一マ了予矛矛孜務務務										

256 5급 無 무	無	無	無								
없을 **무**	⺣=火부 총12획 회의문자	ﾉ ﾉ ﾉ二 ﾉ二 ﾉ二 無 無 無 無 無 無									

257 4급 戊 무	戊	戊	戊								
천간 **무**	戈부 총5획										

258 4급 茂 무	茂	茂	茂								
무성할 **무**	⺿=艸부 총9획										

259 5급 舞 무	舞	舞	舞								
춤출 **무**	舛부 총14획 상형문자	ﾉ ﾉ ﾉ二 ﾉ二 ﾉ二 無 無 無 舞 舞 舞 無 舞									

260 4급 墨 묵	墨	墨	墨								
먹 **묵**	土부 총15획										

261 5급 門 문	門	門	門								
문 **문**	門부 총8획 상형문자	｜ ｜ 卩 卩 門 門 門 門									

262 5급 問 문	問	問	問								
물을 **문**	口부 총11획 형성문자	｜ ｜ 卩 卩 卩 門 門 門 問 問 問									

263 5급 聞 문	聞	聞	聞								
들을 **문**	耳부 총14획 회의문자	｜ ｜ 卩 卩 卩 門 門 門 門 門 門 門 聞 聞									

264 5급 文 문	文	文	文								
글월 **문**	文부 총4획 상형문자	｀ ｰ ﾅ 文									

265 5급 物 물	物	物	物								
물건 **물**	牛부 총8획 형성문자	ﾉ ﾉ ﾆ 牛 牜 物 物 物									

266 4급 勿 물	勿	勿	勿								
말 **물**	勹부 총4획										

267 5급 美 미	美	美	美								
아름다울 **미**	羊부 총9획 회의문자	｀ ｀ﾟ ﾒﾟ ﾒﾟ 半 羊 美 美 美									

268 5급 米 미	米	米	米								
쌀 **미**	米부 총6획 상형문자	｀ ｀ﾟ ﾆ 半 米 米									

269 5급 未 미	未	未	未								
아닐 **미**	木부 총5획 상형문자	ｰ 二 十 未 未									

270 5급 味 미	味	味	味								
맛 **미**	口부 총8획 형성문자	｜ 冂 口 口 味 味 味 味									

연습문제 3

01-03 다음 한자(漢字)의 부수(部首)는 무엇입니까?

01 望：① 亠　② 壬　③ 亡　④ 月　⑤ 亡月

02 滿：① 氵　② 入　③ 冂　④ 一　⑤ 甘

03 例：① 水　② 歹　③ 刂　④ 刀　⑤ 人

04-06 다음 한자(漢字)의 획수(劃數)는 모두 몇 획입니까?

04 留：① 8　② 9　③ 10　④ 11　⑤ 12

05 律：① 7　② 8　③ 9　④ 10　⑤ 11

06 量：① 12　② 13　③ 14　④ 15　⑤ 16

07-08 다음 필순(筆順)에 대한 설명에 가장 알맞은 한자 (漢字)는 어느 것입니까?

07 안과 바깥쪽이 있을 때에는 바깥쪽을 먼저 쓴다.

　　① 童　② 歷　③ 列　④ 禮　⑤ 馬

08 왼쪽에서 오른쪽으로 쓴다.

　　① 里　② 立　③ 亡　④ 論　⑤ 面

09-18 다음 한자(漢字)의 음(音)은 무엇입니까?

09 量：① 리　② 룬　③ 이　④ 래　⑤ 량

10 令：① 랭　② 냉　③ 래　④ 령　⑤ 녕

11 禮：① 두　② 래　③ 례　④ 득　⑤ 물

12 良：① 량　② 락　③ 려　④ 등　⑤ 률

13 歷：① 낙　② 묵　③ 력　④ 로　⑤ 미

14 律：① 려　② 류　③ 률　④ 륙　⑤ 등

15 亡：① 마　② 막　③ 말　④ 면　⑤ 망

16 每：① 립　② 마　③ 매　④ 류　⑤ 률

17 連：① 력　② 련　③ 렬　④ 면　⑤ 맥

18 免：① 림　② 면　③ 만　④ 멸　⑤ 륜

19-23 다음의 음(音)을 가진 한자(漢字)는 어느 것입니까?

19 례：① 落　② 物　③ 墨　④ 例　⑤ 卯

20 륙：① 論　② 陸　③ 留　④ 望　⑤ 未

21 리：① 滿　② 鳴　③ 買　④ 末　⑤ 理

22 매：① 名　② 利　③ 料　④ 賣　⑤ 武

23 무：① 晩　② 倫　③ 暮　④ 茂　⑤ 莫

24-33 다음 한자(漢字)의 뜻은 무엇입니까?

24 來 : ① 가다　　② 오다　　③ 걷다
　　　 ④ 지나치다　　⑤ 헤아리다

25 例 : ① 아이　　② 예도　　③ 법식
　　　 ④ 고전　　⑤ 물건

26 勞 : ① 차다　　② 푸르다　　③ 힘쓰다
　　　 ④ 지나다　　⑤ 일하다

27 列 : ① 줍다　　② 다르다　　③ 자르다
　　　 ④ 벌리다　　⑤ 세차다

28 路 : ① 해　　② 힘　　③ 길
　　　 ④ 마을　　⑤ 한가지

29 陸 : ① 문　　② 낮　　③ 물
　　　 ④ 뭇　　⑤ 뭍

30 勉 : ① 채우다　　② 세우다　　③ 매기다
　　　 ④ 힘쓰다　　⑤ 춤추다

31 末 : ① 끝　　② 털　　③ 깃
　　　 ④ 벗　　⑤ 벼

32 練 : ① 잇다　　② 울다　　③ 익히다
　　　 ④ 힘쓰다　　⑤ 묘하다

33 眠 : ① 잇다　　② 자다　　③ 터럭
　　　 ④ 참다　　⑤ 거느리다

34-38 다음의 뜻을 가진 한자(漢字)는 어느 것입니까?

34 즐기다 : ① 冷　② 卵　③ 兩　④ 凉　⑤ 樂

35 하여금 : ① 令　② 老　③ 李　④ 綠　⑤ 領

36 바라다 : ① 望　② 立　③ 買　④ 賣　⑤ 問

37 매양 : ① 利　② 六　③ 留　④ 每　⑤ 命

38 바쁘다 : ① 勿　② 亡　③ 妙　④ 忘　⑤ 忙

39-48 다음 한자어(漢字語)의 음(音)은 무엇입니까?

39 重量 : ① 중압 ② 중등 ③ 중량 ④ 중첩 ⑤ 중급

40 改良 : ① 개선 ② 개냥 ③ 겨냥 ④ 개량 ⑤ 기량

41 前歷 : ① 전력 ② 전후 ③ 이력 ④ 역사 ⑤ 전근

42 列擧 : ① 서열 ② 열거 ③ 예거 ④ 과거 ⑤ 예시

43 新綠 : ① 초록 ② 신춘 ③ 청록 ④ 녹색 ⑤ 신록

44 便利 : ① 승리 ② 유리 ③ 편리 ④ 이용 ⑤ 변재

45 立場 : ① 국립 ② 공장 ③ 입장 ④ 기립 ⑤ 시장

46 萬能 : ① 만능 ② 만사 ③ 만약 ④ 기능 ⑤ 유능

47 歲暮 : ① 장막 ② 근면 ③ 세막 ④ 삭막 ⑤ 세모

48 未來 : ① 장래 ② 미각 ③ 미래 ④ 미명 ⑤ 말년

49-50 다음 단어들의 '□'에 공통으로 들어갈 알맞은 한자(漢字)는 어느 것입니까?

49 訓□, 法□, 指□ :
　　　 ① 禮　② 頭　③ 令　④ 落　⑤ 美

50 □客, □行, □費 :
　　　 ① 旅　② 進　③ 經　④ 顧　⑤ 務

271 4급 미	尾	尾 尾 尾	꼬리 **미**	尸부 총7획								
272 5급 민	民	民 民 民	백성 **민**	氏부 총5획 상형문자	フコア尸民							
273 5급 밀	密	密 密 密	빽빽할 **밀**	宀부 총11획 형성문자	`丶宀宀宀宓宓宓密密							
274 4급 박	朴	朴 朴 朴	성 **박**	木부 총6획								
275 5급 반	反	反 反 反	돌이킬 **반**	又부 총4획 회의문자	一厂反反							
276 5급 반	半	半 半 半	반 **반**	十부 총5획 회의문자	`丷半半半							
277 4급 반	飯	飯 飯 飯	밥 **반**	食부 총13획								
278 5급 발	發	發 發 發	필 **발**	癶부 총12획 형성문자	フ ヌ ヺ ゾ 癶 癶 癶 發 發 發 發 發							
279 5급 방	方	方 方 方	모 **방**	方부 총4획 상형문자	`一亍方							
280 5급 방	放	放 放 放	놓을 **방**	攵=攴부 총8획 형성문자	`一亍方 扩 劝 放 放							
281 5급 방	訪	訪 訪 訪	찾을 **방**	言부 총11획 형성문자	`二言言言言訂訪訪							
282 5급 방	防	防 防 防	막을 **방**	阝=阜부 총7획 형성문자	`阝阝阾阾防防							
283 4급 방	房	房 房 房	방 **방**	戶부 총8획								
284 5급 배	拜	拜 拜 拜	절 **배**	手부 총9획 회의문자	`二三手手手拜拜拜							
285 4급 배	杯	杯 杯 杯	잔 **배**	木부 총8획								

286 5급 백	白 흰 **백**	白부 총5획 상형문자	ノ イ 白 白 白								
287 5급 백	百 일백 **백**	白부 총6획 형성문자	一 一 丆 丆 百 百								
288 5급 번	番 차례 **번**	田부 총12획 회의문자	ノ ハ ハ 교 平 乎 釆 釆 番 番 番 番								
289 4급 벌	伐 칠 **벌**	亻=人부 총6획										
290 5급 법	法 법 **법**	氵=水부 총8획 회의문자	丶 氵 氵 汁 汁 法 法 法								
291 4급 범	凡 무릇 **범**	几부 총3획										
292 5급 변	變 변할 **변**	言부 총23획 형성문자	言 言 言 言 言 言 結 結 結 結 結 結 結 結 結 結 變 變 變								
293 5급 별	別 다를 **별**	刂=刀부 총7획 회의문자	丶 口 口 口 另 別 別								
294 5급 병	病 병 **병**	疒부 총10획 형성문자	丶 亠 广 广 广 疒 疒 病 病 病								
295 5급 병	兵 병사 **병**	八부 총7획 회의문자	ノ ア F 斤 乒 乒 兵								
296 4급 병	丙 남녘 **병**	一부 총5획										
297 5급 보	保 지킬 **보**	亻=人부 총9획 회의문자	ノ イ 亻 亻 仍 仍 但 保 保								
298 5급 보	步 걸음 **보**	止부 총7획 회의문자	丨 卜 止 止 뽀 步 步								
299 5급 보	報 갚을 **보**	土부 총12획 회의문자	一 十 土 丰 幸 幸 幸 報 報 報 報 報								
300 5급 복	福 복 **복**	示부 총14획 형성문자	一 二 亍 亓 禾 禾 福 福 福 福 福 福 福 福								

301 5급 服 복	옷 **복**	月부 총8획 형성문자	服 服 服			ノ 刀 刀 月 月 肝 服 服
302 5급 復 복	회복할 **복**/다시 **부**	彳부 총12획 형성문자	復 復 復			ノ ク 彳 彳 行 行 行 行 復 復 復 復
303 4급 伏 복	엎드릴 **복**	亻=人부 총6획	伏 伏 伏			
304 5급 本 본	근본 **본**	木부 총5획 지사문자	本 本 本			一 十 才 木 本
305 5급 奉 봉	받들 **봉**	大부 총8획 회의문자	奉 奉 奉			一 二 三 丰 夫 夫 秦 奉
306 4급 逢 봉	만날 **봉**	辶=辵부 총11획	逢 逢 逢			
307 5급 夫 부	지아비 **부**	大부 총4획 상형문자	夫 夫 夫			一 二 尹 夫
308 5급 父 부	아비 **부**	父부 총4획 상형문자	父 父 父			ノ ハ 分 父
309 5급 富 부	부자 **부**	宀부 총12획 형성문자	富 富 富			丶 宀 宀 宀 宀 宣 官 富 富 富 富 富
310 5급 婦 부	며느리 **부**	女부 총11획 회의문자	婦 婦 婦			く 女 女 女 妒 妒 妒 婦 婦 婦 婦
311 4급 部 부	떼 **부**	阝=邑부 총11획	部 部 部			
312 4급 扶 부	도울 **부**	扌=手부 총7획	扶 扶 扶			
313 4급 否 부	아닐 **부**	口부 총7획	否 否 否			
314 4급 浮 부	뜰 **부**	氵=水부 총10획	浮 浮 浮			
315 5급 北 북	북녘 **북**	匕부 총5획 상형문자	北 北 北			丨 ㅓ ㅓ 北 北

316 5급 분	分	分	分	分								
나눌 **분**	刀부 총4획 **회의문자**	ノ 八 今 分										
317 5급 불	不	不	不	不								
아닐 **불(부)**	一부 총4획 **상형문자**	一 ア 不 不										
318 4급 불	佛	佛	佛	佛								
부처 **불**	亻=人부 총7획											
319 4급 붕	朋	朋	朋	朋								
벗 **붕**	月부 총8획											
320 5급 비	比	比	比	比								
견줄 **비**	比부 총4획 **상형문자**	一 ト 比 比										
321 5급 비	非	非	非	非								
아닐 **비**	非부 총8획 **상형문자**	ノ ヲ ヲ ヲ 非 非 非										
322 5급 비	備	備	備	備								
갖출 **비**	亻=人부 총12획 **회의문자**	ノ 亻 亻 亻 伴 伴 備 備 備 備 備										
323 4급 비	悲	悲	悲	悲								
슬플 **비**	心부 총12획											
324 5급 비	飛	飛	飛	飛								
날 **비**	飛부 총9획 **상형문자**	乙 乙 乙 飞 飞 飛 飛 飛 飛										
325 4급 비	鼻	鼻	鼻	鼻								
코 **비**	鼻부 총14획											
326 4급 빈	貧	貧	貧	貧								
가난할 **빈**	貝부 총11획											
327 5급 빙	氷	氷	氷	氷								
얼음 **빙**	水부 총5획 **회의문자**	丿 丬 氷 氷 氷										
328 5급 사	四	四	四	四								
넉 **사**	口부 총5획 **지사문자**	丨 冂 冂 四 四										
329 5급 사	士	士	士	士								
선비 **사**	士부 총3획 **상형문자**	一 十 士										
330 5급 사	史	史	史	史								
역사 **사**	口부 총5획 **회의문자**	丶 口 口 史 史										

331 **5급** 師 사	師	師 師 師									
	스승 **사**	巾부 총10획 회의문자	′ ′ ′ ′ ′ ′ ′ 師 師 師								
332 **5급** 死 사	死	死 死 死									
	죽을 **사**	歹부 총6획 회의문자	一 ァ ゟ 歹 歹 死								
333 **5급** 思 사	思	思 思 思									
	생각 **사**	心부 총9획 회의문자	′ 冂 田 田 田 思 思 思								
334 **5급** 事 사	事	事 事 事									
	일 **사**	亅부 총8획 상형문자	一 ア 戸 冒 写 写 事								
335 **5급** 仕 사	仕	仕 仕 仕									
	섬길 **사**	亻=人부 총5획 형성문자	ノ 亻 仁 什 仕								
336 **5급** 使 사	使	使 使 使									
	하여금 **사**	亻=人부 총8획 형성문자	ノ 亻 仁 仨 伊 何 使 使								
337 **5급** 寺 사	寺	寺 寺 寺									
	절 **사**	寸부 총6획 회의문자	一 十 土 寺 寺 寺								
338 **4급** 私 사	私	私 私 私									
	사사 **사**	禾부 총7획										
339 **5급** 射 사	射	射 射 射									
	쏠 **사**	寸부 총10획 회의문자	′ ′ 冂 冃 自 身 身 射 射								
340 **4급** 謝 사	謝	謝 謝 謝									
	사례할 **사**	言부 총17획										
341 **4급** 舍 사	舍	舍 舍 舍									
	집 **사**	舌부 총8획										
342 **4급** 巳 사	巳	巳 巳 巳									
	뱀 **사**	己부 총3획										
343 **4급** 絲 사	絲	絲 絲 絲									
	실 **사**	糸부 총12획										
344 **5급** 山 산	山	山 山 山									
	메 **산**	山부 총3획 상형문자	ㅣ 山 山								
345 **5급** 産 산	産	産 産 産									
	낳을 **산**	生부 총11획 형성문자	、 一 亠 产 立 产 产 产 彦 産 産								

346 5급 산	算	算	算	算								
	셈할 **산**	竹부 총14획 **회의문자**	ノ ト ト ト ド ド ゲ 竹 笃 筲 筲 筲 **笪 算 算**									

347 4급 산	散	散	散	散								
	흩을 **산**	攵=攴부 총12획										

348 5급 살	殺	殺	殺	殺								
	죽일 **살**	殳부 총11획 **형성문자**	ノ ㄨ 乂 ×乂 ₮ 杀 杀 杀 **殺 殺 殺**									

349 5급 삼	三	三	三	三								
	석 **삼**	一부 총3획 **지사문자**	一 二 三									

350 5급 상	上	上	上	上								
	윗 **상**	一부 총3획 **지사문자**	丨 卜 上									

351 4급 상	常	常	常	常								
	떳떳할 **상**	巾부 총11획										

352 5급 상	賞	賞	賞	賞								
	상줄 **상**	貝부 총15획 **형성문자**	⺍ ⺍ ⺍ ⺍ ⺍ 屵 尚 尚 尚 當 當 賞 賞									

353 5급 상	商	商	商	商								
	장사 **상**	口부 총11획 **회의문자**	⺊ ㅗ ㅗ 产 产 两 商 商									

354 5급 상	相	相	相	相								
	서로 **상**	目부 총9획 **회의문자**	一 十 才 木 朾 机 相 相 相									

355 5급 상	想	想	想	想								
	생각 **상**	心부 총13획 **형성문자**	一 十 才 木 机 机 相 相 相 相 想 想 想									

356 5급 상	尙	尙	尙	尙								
	높일 **상**	小부 총8획 **회의문자**	ㅣ ⺌ 小 小 尙 尙 尙 尙									

357 4급 상	霜	霜	霜	霜								
	서리 **상**	雨부 총17획										

358 4급 상	傷	傷	傷	傷								
	다칠 **상**	亻=人부 총13획										

359 4급 상	喪	喪	喪	喪								
	잃을 **상**	口부 총12획										

360 5급 색	色	色	色	色								
	빛 **색**	色부 총6획 **회의문자**	ノ ⺈ 乷 乷 鱼 色									

연습문제 4

01-03 다음 한자(漢字)의 부수(部首)는 무엇입니까?

01 別 : ① 口　② 刂　③ 丿　④ 方　⑤ 別

02 鼻 : ① 白　② 廾　③ 自　④ 田　⑤ 鼻

03 比 : ① 匕　② 比　③ 上　④ 一　⑤ 二

04-06 다음 한자(漢字)의 획수(劃數)는 모두 몇 획입니까?

04 服 : ① 7　② 8　③ 9　④ 10　⑤ 11

05 思 : ① 6　② 7　③ 8　④ 9　⑤ 10

06 私 : ① 6　② 7　③ 8　④ 9　⑤ 10

07-08 다음 필순(筆順)에 대한 설명에 가장 알맞은 한자 (漢字)는 어느 것입니까?

07 위에서 아래로 쓴다.

　　① 三　② 福　③ 拜　④ 報　⑤ 四

08 왼쪽과 오른쪽의 모양이 같을 때에는 가운데를 먼저 쓴다.

　　① 貧　② 山　③ 不　④ 死　⑤ 三

09-18 다음 한자(漢字)의 음(音)은 무엇입니까?

09 報 : ① 복　② 별　③ 북　④ 병　⑤ 보

10 富 : ① 봉　② 부　③ 북　④ 보　⑤ 빈

11 福 : ① 번　② 백　③ 보　④ 복　⑤ 병

12 本 : ① 복　② 봉　③ 본　④ 별　⑤ 방

13 病 : ① 붕　② 부　③ 방　④ 분　⑤ 병

14 死 : ① 산　② 빙　③ 사　④ 빈　⑤ 민

15 算 : ① 분　② 산　③ 비　④ 불　⑤ 미

16 思 : ① 산　② 분　③ 부　④ 사　⑤ 상

17 逢 : ① 붕　② 방　③ 본　④ 복　⑤ 봉

18 散 : ① 산　② 잔　③ 간　④ 상　⑤ 사

19-23 다음의 음(音)을 가진 한자(漢字)는 어느 것입니까?

19 병 : ① 北　② 保　③ 兵　④ 訪　⑤ 朋

20 복 : ① 婦　② 白　③ 奉　④ 復　⑤ 拜

21 사 : ① 法　② 分　③ 算　④ 飛　⑤ 仕

22 빈 : ① 貧　② 士　③ 非　④ 山　⑤ 私

23 부 : ① 扶　② 報　③ 發　④ 防　⑤ 放

24-33 다음 한자(漢字)의 뜻은 무엇입니까?

24 福 : ① 옷   ② 복   ③ 흉
        ④ 흥   ⑤ 성

25 部 : ① 떼   ② 방   ③ 근본
        ④ 북녘   ⑤ 지아비

26 富 : ① 부자   ② 상인   ③ 관리
        ④ 며느리   ⑤ 성기다

27 復 : ① 수리하다   ② 유지하다   ③ 보전하다
        ④ 회복하다   ⑤ 사례하다

28 變 : ① 갚다   ② 나누다   ③ 다르다
        ④ 이르다   ⑤ 변하다

29 悲 : ① 옳다   ② 가다   ③ 슬프다
        ④ 아니다   ⑤ 견주다

30 使 : ① 이제   ② 비로소   ③ 만나다
        ④ 스스로   ⑤ 하여금

31 事 : ① 낮   ② 일   ③ 힘쓰다
        ④ 애쓰다   ⑤ 아니다

32 密 : ① 돕다   ② 지키다   ③ 고르다
        ④ 빽빽하다   ⑤ 떳떳하다

33 射 : ① 막다   ② 쏘다   ③ 꼬리
        ④ 다르다   ⑤ 오히려

34-38 다음의 뜻을 가진 한자(漢字)는 어느 것입니까?

34 지아비 : ① 法 ② 白 ③ 放 ④ 保 ⑤ 夫

35 걸음 : ① 兵 ② 本 ③ 北 ④ 步 ⑤ 寺

36 메 : ① 思 ② 色 ③ 士 ④ 山 ⑤ 傷

37 섬기다 : ① 仕 ② 算 ③ 死 ④ 非 ⑤ 産

38 치다 : ① 伐 ② 舍 ③ 殺 ④ 謝 ⑤ 常

39-48 다음 한자어(漢字語)의 음(音)은 무엇입니까?

39 問病 : ① 문병 ② 간병 ③ 병실 ④ 병균 ⑤ 청병

40 報答 : ① 문답 ② 밀도 ③ 보답 ④ 보고 ⑤ 문제

41 保有 : ① 보전 ② 보건 ③ 유무 ④ 보유 ⑤ 보상

42 反復 : ① 반복 ② 부활 ③ 복종 ④ 반대 ⑤ 왕복

43 夫婦 : ① 일부 ② 부인 ③ 부부 ④ 부친 ⑤ 부상

44 教師 : ① 약사 ② 교실 ③ 교사 ④ 의사 ⑤ 교수

45 歷史 : ① 역사 ② 국사 ③ 야사 ④ 사학 ⑤ 사관

46 量産 : ① 감산 ② 소산 ③ 산모 ④ 대량 ⑤ 양산

47 伏兵 : ① 복수 ② 보호 ③ 복병 ④ 복귀 ⑤ 복사

48 傷害 : ① 상장 ② 상의 ③ 상업 ④ 상해 ⑤ 상금

49-50 다음 단어들의 '□'에 공통으로 들어갈 알맞은 한자(漢字)는 어느 것입니까?

49 □健, □證, □溫 :
        ① 病   ② 保   ③ 兵   ④ 法   ⑤ 否

50 □過, □禮, 感□ :
        ① 私   ② 射   ③ 死   ④ 謝   ⑤ 不

361 5급 생	生	날 생	生부 총5획 상형문자	ノ ヒ 仁 生 生
362 5급 서	西	서녘 서	襾부 총6획 상형문자	一 一 一 一 西 西 西
363 5급 서	序	차례 서	广부 총7획 형성문자	、 一 广 户 序 序 序
364 5급 서	書	글 서	日부 총10획 회의문자	一 一 一 一 聿 聿 書 書 書 書
365 4급 서	暑	더울 서	日부 총13획	
366 5급 석	夕	저녁 석	夕부 총3획 상형문자	ノ ク 夕
367 5급 석	石	돌 석	石부 총5획 상형문자	一 一 丆 石 石
368 5급 석	席	자리 석	巾부 총10획 상형문자	、 一 广 户 户 庐 庐 庐 席 席
369 4급 석	昔	예 석	日부 총8획	
370 4급 석	惜	아낄 석	忄=心부 총11획	
371 5급 선	先	먼저 선	儿부 총6획 회의문자	ノ 一 生 生 先 先
372 5급 선	線	줄 선	糸부 총15획 형성문자	ノ ㄥ 幺 幺 糸 糸 糸 約 紡 紡 紡 綿 線 線 線
373 5급 선	善	착할 선	口부 총12획 회의문자	、 ソ ヾ 子 羊 羊 羊 姜 姜 姜 善 善
374 5급 선	選	가릴 선	辶=辵부 총16획 형성문자	巽巽選選選
375 5급 선	鮮	고울 선	魚부 총17획 회의문자	ノ ク 夕 各 各 各 备 魚 魚 魚 魚 魚 鮮 鮮 鮮 鮮 鮮

376 5급 선	船	船 船 船										
	배 **선**	舟부 총11획 형성문자	' ﾉ ﾉ 月 月 舟 舟 舢 舡 船 船									
377 5급 선	仙	仙 仙 仙										
	신선 **선**	亻=人부 총5획 회의문자	ﾉ 亻 亻 仙 仙									
378 5급 설	雪	雪 雪 雪										
	눈 **설**	雨부 총11획 회의문자	一 厂 广 汚 雨 雨 雪 雪 雪 雪 雪									
379 5급 설	說	說 說 說										
	말씀 **설**	言부 총14획 형성문자	丶 亠 늘 글 言 言 言 訬 訬 說 說 說 說									
380 5급 설	設	設 設 設										
	베풀 **설**	言부 총11획 회의문자	丶 亠 늘 글 言 言 言 言 設 設 設									
381 4급 설	舌	舌 舌 舌										
	혀 **설**	舌부 총6획											
382 5급 성	姓	姓 姓 姓										
	성 **성**	女부 총8획 형성문자	乚 夕 女 女 妅 妒 姓 姓									
383 5급 성	性	性 性 性										
	성품 **성**	忄=心부 총8획 형성문자	丶 丶 忄 忄 忾 忤 性 性									
384 5급 성	成	成 成 成										
	이룰 **성**	戈부 총7획 회의문자	ﾉ 厂 厂 厅 成 成 成									
385 5급 성	城	城 城 城										
	재 **성**	土부 총10획 형성문자	一 十 土 圵 圹 圹 城 城 城 城									
386 5급 성	省	省 省 省										
	살필 **성**/덜 생	目부 총9획 회의문자	ﾉ 丷 小 少 少 省 省 省 省									
387 5급 성	星	星 星 星										
	별 **성**	日부 총9획 형성문자	丶 冂 日 日 尸 尸 旦 星 星									
388 4급 성	聖	聖 聖 聖										
	성인 **성**	耳부 총13획											
389 5급 성	誠	誠 誠 誠										
	정성 **성**	言부 총14획 형성문자	丶 亠 늘 글 言 言 言 訂 訂 訂 試 試 誠 誠									
390 5급 성	聲	聲 聲 聲										
	소리 **성**	耳부 총17획 회의문자	一 十 士 声 声 声 声 殸 殸 殸 殸 殸 聲 聲									

391 4급 성	盛	盛 盛 盛									
성할 **성**	皿부 총12획										
392 5급 세	世	世 世 世	一 十 廿 世 世								
인간 **세**	一부 총5획 **회의문자**										
393 5급 세	洗	洗 洗 洗	丶 丷 氵 氵 汇 洗 洗 浌 洗								
씻을 **세**	氵=水부 총9획 **형성문자**										
394 4급 세	稅	稅 稅 稅									
세금 **세**	禾부 총12획										
395 5급 세	勢	勢 勢 勢	一 + 土 土 去 杢 幸 割 執 執 勢 勢								
형세 **세**	力부 총13획 **형성문자**										
396 5급 세	歲	歲 歲 歲	丨 十 止 止 广 广 广 芹 岸 岸 歲 歲 歲								
해 **세**	止부 총13획 **회의문자**										
397 4급 세	細	細 細 細									
가늘 **세**	糸부 총11획										
398 5급 소	小	小 小 小	亅 小 小								
작을 **소**	小부 총3획 **상형문자**										
399 5급 소	少	少 少 少	亅 小 小 少								
적을 **소**	小부 총4획 **상형문자**										
400 5급 소	所	所 所 所	丶 彐 彐 户 户 所 所 所								
바 **소**	戶부 총8획 **형성문자**										
401 5급 소	消	消 消 消	丶 丷 氵 氵 氵 沿 沿 消 消 消								
사라질 **소**	氵=水부 총10획 **형성문자**										
402 5급 소	素	素 素 素	一 二 圭 圭 丰 素 素 素 素 素								
본디 **소**	糸부 총10획 **회의문자**										
403 4급 소	笑	笑 笑 笑									
웃음 **소**	竹부 총10획										
404 5급 속	俗	俗 俗 俗	丿 亻 亻 亻 伫 伫 份 俗 俗								
풍속 **속**	亻=人부 총9획 **회의문자**										
405 5급 속	速	速 速 速	一 仁 三 冒 冒 束 束 束 速 速 速								
빠를 **속**	辶=辵부 총11획 **형성문자**										

406 4급 속	續	續 續 續									
	이을 **속**	糸부 총21획									
407 5급 손	孫	孫 孫 孫									
	손자 **손**	子부 총10획 **회의문자**	` ` 了 子 子 护 孕 孫 孫 孫 孫								
408 5급 송	送	送 送 送									
	보낼 **송**	辶=辵부 총10획 **회의문자**	` ` 八 䒑 丷 关 关 送 送 送								
409 4급 송	松	松 松 松									
	소나무 **송**	木부 총8획									
410 5급 수	水	水 水 水									
	물 **수**	水부 총4획 **상형문자**	丿 기 水 水								
411 5급 수	手	手 手 手									
	손 **수**	手부 총4획 **상형문자**	` ` 二 三 手								
412 5급 수	受	受 受 受									
	받을 **수**	又부 총8획 **회의문자**	` ` ` ` ` 爫 爫 严 受 受								
413 5급 수	授	授 授 授									
	줄 **수**	扌=手부 총11획 **형성문자**	一 十 扌 扩 扩 扩 护 护 授 授 授								
414 5급 수	守	守 守 守									
	지킬 **수**	宀부 총6획 **회의문자**	` ` ` ` 宀 宀 守 守								
415 5급 수	收	收 收 收									
	거둘 **수**	攵=攴부 총6획 **형성문자**	丨 丩 屮 屮 收 收								
416 5급 수	數	數 數 數									
	셈 **수**	攵=攴부 총15획 **형성문자**	` ` 口 田 田 母 吕 吕 婁 婁 婁 婁 婁 數 數 數								
417 5급 수	首	首 首 首									
	머리 **수**	首부 총9획 **상형문자**	` ` 丷 丷 产 产 首 首 首 首								
418 4급 수	樹	樹 樹 樹									
	나무 **수**	木부 총16획									
419 4급 수	修	修 修 修									
	닦을 **수**	亻=人부 총10획									
420 4급 수	誰	誰 誰 誰									
	누구 **수**	言부 총15획									

421 4급 須	須 須 須												
수 모름지기 수	頁부 총12획											

422 4급 雖	雖 雖 雖												
수 비록 수	隹부 총17획											

423 4급 愁	愁 愁 愁												
수 근심 수	心부 총13획											

424 4급 壽	壽 壽 壽												
수 목숨 수	士부 총14획											

425 4급 秀	秀 秀 秀												
수 빼어날 수	禾부 총7획											

426 4급 宿	宿 宿 宿												
숙 잘 숙	宀부 총11획											

427 4급 叔	叔 叔 叔												
숙 아재비 숙	又부 총8획											

428 4급 淑	淑 淑 淑												
숙 맑을 숙	氵=水부 총11획											

429 5급 順	順 順 順												
순 순할 순	頁부 총12획 회의문자	丿 刂 川 厂 厂 厂 順 順 順 順 順									

430 4급 純	純 純 純												
순 순수할 순	糸부 총10획											

431 4급 戌	戌 戌 戌												
술 개 술	戈부 총6획											

432 4급 崇	崇 崇 崇												
숭 높을 숭	山부 총11획											

433 5급 習	習 習 習												
습 익힐 습	羽부 총11획 회의문자	丷 丬 丬 丬 习 丬 丬 丬 丬 習 習 習									

434 4급 拾	拾 拾 拾												
습 주울 습/열 십	扌=手부 총9획											

435 5급 勝	勝 勝 勝												
승 이길 승	力부 총12획 형성문자	丿 刂 月 月 月 肝 肝 肵 脒 胖 勝 勝									

436 4급 乘 승	탈 **승**	丿부 총10획	乘	乘	乘								
		`丿 千 千 乖 乖 乘`											
437 4급 承 승	이을 **승**	手부 총8획	承	承	承								
438 5급 市 시	시장 **시**	巾부 총5획 형성문자	市	市	市								
		`丶 亠 亠 亣 市`											
439 5급 示 시	보일 **시**	示부 총5획 상형문자	示	示	示								
		`一 二 亍 示 示`											
440 5급 是 시	옳을 **시**	日부 총9획 회의문자	是	是	是								
		`丶 冂 曰 日 旦 早 昇 昙 是`											
441 5급 時 시	때 **시**	日부 총10획 형성문자	時	時	時								
		`丨 冂 日 日 旷 旷 昣 昹 時 時`											
442 5급 詩 시	시 **시**	言부 총13획 형성문자	詩	詩	詩								
		`丶 一 亖 言 言 言 計 計 詰 詩 詩`											
443 5급 視 시	볼 **시**	見부 총12획 형성문자	視	視	視								
		`丶 亣 亓 亓 礻 剂 衵 衵 祖 祖 視 視`											
444 5급 始 시	비로소 **시**	女부 총8획 형성문자	始	始	始								
		`ㄑ 女 女 女 妒 妒 始 始`											
445 4급 試 시	시험 **시**	言부 총13획	試	試	試								
446 5급 施 시	베풀 **시**	方부 총9획 형성문자	施	施	施								
		`丶 亠 亍 方 扩 扩 扙 施 施`											
447 5급 氏 씨	성씨 **씨**	氏부 총4획 상형문자	氏	氏	氏								
		`一 匚 氏 氏`											
448 5급 食 식	밥 **식**	食부 총9획 회의문자	食	食	食								
		`丿 人 人 今 今 今 食 食 食`											
449 5급 植 식	심을 **식**	木부 총12획 형성문자	植	植	植								
		`一 十 オ 木 朮 朾 柏 柏 桔 植 植 植`											
450 5급 識 식	알 **식**	言부 총19획 형성문자	識	識	識								
		`丶 一 亖 言 言 言 訂 訳 誩 誩 諳 諳 諳 諳 諳 識 識 識`											

연습문제 5

O1-O3 다음 한자(漢字)의 부수(部首)는 무엇입니까?

O1 姓 : ① 女 ② 二 ③ 生 ④ 十 ⑤ 三

O2 聲 : ① 土 ② 殳 ③ 尸 ④ 耳 ⑤ 声

O3 孫 : ① 糸 ② 一 ③ 幺 ④ 系 ⑤ 子

O4-O6 다음 한자(漢字)의 획수(劃數)는 모두 몇 획입니까?

O4 素 : ① 7 ② 8 ③ 9 ④ 10 ⑤ 11

O5 笑 : ① 8 ② 9 ③ 10 ④ 11 ⑤ 12

O6 是 : ① 7 ② 8 ③ 9 ④ 10 ⑤ 11

O7-O8 다음 필순(筆順)에 대한 설명에 가장 알맞은 한자(漢字)는 어느 것입니까?

O7 오른쪽 위의 점은 나중에 찍는다.

　① 所 ② 成 ③ 稅 ④ 洗 ⑤ 誰

O8 왼쪽과 오른쪽의 모양이 같은 때에는 가운데를 먼저 쓴다.

　① 宿 ② 習 ③ 水 ④ 示 ⑤ 食

O9-18 다음 한자(漢字)의 음(音)은 무엇입니까?

O9 姓 : ① 생 ② 설 ③ 소 ④ 속 ⑤ 성

10 洗 : ① 소 ② 석 ③ 성 ④ 세 ⑤ 서

11 省 : ① 속 ② 설 ③ 성 ④ 소 ⑤ 수

12 歲 : ① 세 ② 속 ③ 소 ④ 성 ⑤ 습

13 俗 : ① 성 ② 설 ③ 속 ④ 소 ⑤ 송

14 送 : ① 수 ② 송 ③ 순 ④ 시 ⑤ 석

15 順 : ① 순 ② 승 ③ 숙 ④ 습 ⑤ 시

16 始 : ① 수 ② 송 ③ 승 ④ 시 ⑤ 숙

17 暑 : ① 석 ② 순 ③ 선 ④ 사 ⑤ 서

18 細 : ① 세 ② 새 ③ 습 ④ 수 ⑤ 시

19-23 다음의 음(音)을 가진 한자(漢字)는 어느 것입니까?

19 소 : ① 速 ② 所 ③ 聖 ④ 送 ⑤ 首

20 소 : ① 性 ② 笑 ③ 誠 ④ 說 ⑤ 夕

21 석 : ① 設 ② 小 ③ 少 ④ 省 ⑤ 席

22 습 : ① 習 ② 收 ③ 修 ④ 水 ⑤ 善

23 수 : ① 習 ② 勝 ③ 秀 ④ 松 ⑤ 生

24-33 다음 한자(漢字)의 뜻은 무엇입니까?

24 城 : ① 바 　② 집 　③ 담
　　　④ 재 　⑤ 개

25 洗 : ① 씻다 　② 젖다 　③ 적다
　　　④ 작다 　⑤ 가늘다

26 稅 : ① 웃음 　② 인간 　③ 세금
　　　④ 세력 　⑤ 권세

27 勢 : ① 해 　② 형세 　③ 풍속
　　　④ 인간 　⑤ 저자

28 速 : ① 느리다 　② 이루다 　③ 즐기다
　　　④ 순하다 　⑤ 빠르다

29 收 : ① 내리다 　② 버리다 　③ 가두다
　　　④ 거두다 　⑤ 익히다

30 授 : ① 자다 　② 받다 　③ 걷다
　　　④ 쏘다 　⑤ 주다

31 示 : ① 닫다 　② 비추다 　③ 보이다
　　　④ 올리다 　⑤ 비로소

32 乘 : ① 타다 　② 이기다 　③ 거두다
　　　④ 고르다 　⑤ 가늘다

33 施 : ① 옳다 　② 줍다 　③ 보다
　　　④ 베풀다 　⑤ 시험하다

34-38 다음의 뜻을 가진 한자(漢字)는 어느 것입니까?

34 성인 : ①俗 ②聖 ③勢 ④歲 ⑤愁

35 별 : ①所 ②聲 ③氏 ④說 ⑤星

36 때 : ①宿 ②時 ③孫 ④送 ⑤昔

37 시 : ①數 ②是 ③習 ④詩 ⑤選

38 잇다 : ①順 ②須 ③秀 ④承 ⑤船

39-48 다음 한자어(漢字語)의 음(音)은 무엇입니까?

39 誠實 : ① 정성 ② 성실 ③ 충성 ④ 착실 ⑤ 결실

40 稅金 : ① 세금 ② 세법 ③ 감세 ④ 세제 ⑤ 수금

41 歲月 : ① 세배 ② 명월 ③ 세월 ④ 세시 ⑤ 정월

42 場所 : ① 소용 ② 소문 ③ 소감 ④ 감소 ⑤ 장소

43 速度 : ① 정보 ② 속도 ③ 속력 ④ 속성 ⑤ 기도

44 後孫 : ① 승부 ② 왕손 ③ 후손 ④ 자손 ⑤ 세손

45 放送 : ① 방송 ② 송별 ③ 운송 ④ 송금 ⑤ 방영

46 收容 : ① 수금 ② 미용 ③ 미수 ④ 수입 ⑤ 수용

47 純益 : ① 습득 ② 순리 ③ 순익 ④ 수신 ⑤ 이익

48 接續 : ① 연속 ② 발송 ③ 고속 ④ 접속 ⑤ 세속

49-50 다음 단어들의 '□'에 공통으로 들어갈 알맞은 한자(漢字)는 어느 것입니까?

49 長□, 開□, 都□ :
　　①設 ②性 ③城 ④省 ⑤消

50 豊□, □大, □行 :
　　①想 ②盛 ③勝 ④性 ⑤守

451 5급 式 식	법 식	弋부 총6획 형성문자	一 二 干 干 式 式
452 5급 身 신	몸 신	身부 총7획 상형문자	' ⺆ ⺆ ⺟ ⺟ 身 身
453 5급 神 신	귀신 신	示부 총10획 형성문자	' 一 亍 示 示 示 訷 神 神 神
454 5급 臣 신	신하 신	臣부 총6획 상형문자	一 T 干 E 臣 臣
455 5급 信 신	믿을 신	亻=人부 총9획 회의문자	ノ 亻 亻 仁 侁 信 信 信 信
456 5급 新 신	새 신	斤부 총13획 형성문자	' 立 立 辛 辛 辛 亲 亲 新 新 新 新
457 4급 申 신	납 신	田부 총5획	
458 4급 辛 신	매울 신	辛부 총7획	
459 5급 失 실	잃을 실	大부 총5획 상형문자	' 二 牛 失 失
460 5급 室 실	집 실	宀부 총9획 회의문자	' ''' 宀 宀 宀 宏 宏 室 室
461 5급 實 실	열매 실	宀부 총14획 회의문자	' '' 宀 宀 宀 宙 宙 宙 宵 宵 實 實 實 實
462 5급 心 심	마음 심	心부 총4획 상형문자	' 心 心 心
463 4급 深 심	깊을 심	氵=水부 총11획	
464 4급 甚 심	심할 심	甘부 총9획	
465 5급 十 십	열 십	十부 총2획 지사문자	一 十

466 5급 兒 아	兒	兒	兒	兒								
	아이 **아**	儿부 총8획 **상형문자**	´ ㄅ ㄇ ㄐ 臼 臼 臼 兒									
467 4급 我 아	我	我	我									
	나 **아**	戈부 총7획										
468 4급 惡 악	惡	惡	惡									
	악할 **악**	心부 총12획										
469 5급 安 안	安	安	安									
	편안 **안**	宀부 총6획 **회의문자**	´ ㆍ ㄇ ㄇ 安 安									
470 5급 案 안	案	案	案									
	책상 **안**	木부 총10획 **형성문자**	´ ㆍ ㄇ ㄇ 安 安 安 安 案 案									
471 4급 眼 안	眼	眼	眼									
	눈 **안**	目부 총11획										
472 4급 顔 안	顔	顔	顔									
	낯 **안**	頁부 총18획										
473 4급 暗 암	暗	暗	暗									
	어두울 **암**	日부 총13획										
474 4급 巖 암	巖	巖	巖									
	바위 **암**	山부 총23획										
475 4급 仰 앙	仰	仰	仰									
	우러를 **앙**	亻=人부 총6획										
476 5급 愛 애	愛	愛	愛									
	사랑 **애**	心부 총13획 **형성문자**	´ ㆍ ㅌ ㅌ 毌 㡀 㡀 恶 恶 恶 愛 愛 愛									
477 4급 哀 애	哀	哀	哀									
	슬플 **애**	口부 총9획										
478 5급 夜 야	夜	夜	夜									
	밤 **야**	夕부 총8획 **형성문자**	` ㆍ ㅗ ㅗ ㅗ 夜 夜 夜									
479 5급 野 야	野	野	野									
	들 **야**	里부 총11획 **형성문자**	` 口 日 日 旦 甲 里 野 野 野 野									
480 4급 也 야	也	也	也									
	어조사 **야**	ㄴ=乙부 총3획										

481 5급 約 약	約속할 **약**	糸부 총9획 형성문자	約 約 約	纟 纟 纟 纟 纟 糸 約 約 約
482 5급 藥 약	약 **약**	++=艸부 총19획 형성문자	藥 藥 藥	艹 艹 艹 岁 岁 岁 苎 苩 苩 苩 荫 荫 药 药 药 药 藥 藥 藥
483 5급 弱 약	약할 **약**	弓부 총10획 회의문자	弱 弱 弱	フ マ 弓 弓 弓′ 弱 弱 弱 弱 弱
484 5급 若 약	같을 **약**	++=艸부 총9획 회의문자	若 若 若	一 十 井 艹 芢 芢 艼 若 若
485 5급 羊 양	양 **양**	羊부 총6획 상형문자	羊 羊 羊	丶 丷 丷 兰 兰 羊
486 5급 洋 양	큰바다 **양**	氵=水부 총9획 형성문자	洋 洋 洋	丶 丶 氵 氵 氵 泮 泮 洋 洋
487 5급 養 양	기를 **양**	食부 총15획 회의문자	養 養 養	丶 丷 兰 兰 羊 羊 关 美 美 養 養 養 養 養 養
488 5급 陽 양	볕 **양**	阝=阜부 총12획 형성문자	陽 陽 陽	丶 阝 阝 阝 阳 阳 阳 阳 阳 陽 陽 陽
489 4급 讓 양	사양할 **양**	言부 총24획	讓 讓 讓	
490 4급 揚 양	날릴 **양**	扌=手부 총12획	揚 揚 揚	
491 5급 魚 어	고기 **어**	魚부 총11획 상형문자	魚 魚 魚	丶 夕 夕 夕 鱼 鱼 鱼 魚 魚 魚 魚
492 5급 語 어	말씀 **어**	言부 총14획 형성문자	語 語 語	丶 亠 亖 言 言 言 訁 訂 語 語 語 語 語
493 5급 漁 어	고기잡을 **어**	氵=水부 총14획 형성문자	漁 漁 漁	丶 丶 氵 氵 氵 汽 汽 渔 渔 渔 渔 渔 漁 漁
494 4급 於 어	어조사 **어**	方부 총8획	於 於 於	
495 4급 億 억	억 **억**	亻=人부 총15획	億 億 億	

64

496 4급 역	憶	憶 憶 憶	생각할 **억**	↑=心부 총16획								
497 5급 언	言	言 言 言	말씀 **언**	言부 총7획 회의문자	`丶 一 二 亍 亍 言 言`							
498 4급 엄	嚴	嚴 嚴 嚴	엄할 **엄**	口부 총20획								
499 5급 업	業	業 業 業	일 **업**	木부 총13획 상형문자	`丨 丬 丬丬 业业 芈 芈 芈 丵 芈 業`							
500 4급 여	如	如 如 如	같을 **여**	女부 총6획								
501 4급 여	餘	餘 餘 餘	남을 **여**	食부 총16획								
502 4급 여	與	與 與 與	줄 **여**	臼부 총14획								
503 4급 여	余	余 余 余	나 **여**	人부 총7획								
504 4급 여	汝	汝 汝 汝	너 **여**	⺡=水부 총6획								
505 5급 역	逆	逆 逆 逆	거스를 **역**	⻌=辵부 총10획 형성문자	`丶 丷 屮 屮 屰 屰 逆 逆 逆`							
506 5급 역	易	易 易 易	바꿀 **역**/쉬울 **이**	日부 총8획 상형문자	`丨 冂 日 日 尸 艮 艮 易`							
507 4급 역	亦	亦 亦 亦	또 **역**	亠부 총6획								
508 5급 연	然	然 然 然	그럴 **연**	灬=火부 총12획 회의문자	`丿 夕 夕 夕 夕 妧 然 然 然 然 然 然`							
509 5급 연	研	研 研 研	갈 **연**	石부 총11획 형성문자	`一 丆 丆 石 石 石 砑 砑 研 研 研`							
510 4급 연	煙	煙 煙 煙	연기 **연**	火부 총13획								

511 5급 열	熱	熱	熱	熱	더울 **열** 灬=火부 총15획 형성문자 一 十 圡 圥 坴 坴 剶 執 執 執 熱 熱 熱 熱
512 4급 열	悅	悅	悅	悅	기쁠 **열** 忄=心부 총10획
513 4급 엽	葉	葉	葉	葉	잎 **엽** ++=艸부 총13획
514 4급 염	炎	炎	炎	炎	불꽃 **염** 火부 총8획
515 5급 영	永	永	永	永	길 **영** 水부 총5획 상형문자 丶 亅 亣 永 永
516 5급 영	英	英	英	英	꽃부리 **영** ++=艸부 총9획 형성문자 丶 十 十 荖 节 苎 苹 英 英
517 5급 영	榮	榮	榮	榮	영화 **영** 木부 총14획 형성문자 丶 丷 丷 丷 丷 炏 炏 炏 炏 燅 燅 榮 榮 榮
518 4급 영	迎	迎	迎	迎	맞을 **영** 辶=辵부 총8획
519 5급 예	藝	藝	藝	藝	재주 **예** ++=艸부 총19획 형성문자 一 十 十 圡 圥 圥 芺 芺 芺 藝 薮 薮 薮 薮 薮 薮 藝 藝 藝
520 5급 오	五	五	五	五	다섯 **오** 二부 총4획 상형문자 一 丆 五 五
521 5급 오	午	午	午	午	낮 **오** 十부 총4획 상형문자 丿 亠 二 午
522 4급 오	吾	吾	吾	吾	나 **오** 口부 총7획
523 4급 오	悟	悟	悟	悟	깨달을 **오** 忄=心부 총10획
524 4급 오	誤	誤	誤	誤	그르칠 **오** 言부 총14획
525 5급 오	烏	烏	烏	烏	까마귀 **오** 灬=火부 총10획 상형문자 丿 亻 冖 冎 臼 烏 烏 烏 烏 烏

526 5급 옥	玉	玉	玉	玉	구슬 옥	玉부 총5획 상형문자	一 二 干 王 玉
527 5급 옥	屋	屋	屋	屋	집 옥	尸부 총9획 회의문자	一 コ 尸 尸 屋 屋 屋 屋 屋
528 5급 온	溫	溫	溫	溫	따뜻할 온	氵=水부 총13획 형성문자	丶 冫 氵 氵 沪 沪 沪 泗 涠 渭 渭 溫 溫
529 4급 와	瓦	瓦	瓦	瓦	기와 와	瓦부 총5획	
530 4급 와	臥	臥	臥	臥	누울 와	臣부 총8획	
531 5급 완	完	完	完	完	완전할 완	宀부 총7획 형성문자	丶 丷 宀 宀 宇 完
532 4급 왈	曰	曰	曰	曰	가로 왈	曰부 총4획	
533 5급 왕	王	王	王	王	임금 왕	王=玉부 총4획 상형문자	一 二 干 王
534 5급 왕	往	往	往	往	갈 왕	彳부 총8획 형성문자	丶 ク 彳 彳 彳 往 往 往
535 5급 외	外	外	外	外	바깥 외	夕부 총5획 회의문자	丿 ク タ 列 外
536 5급 요	要	要	要	要	요긴할 요	襾부 총9획 상형문자	一 冖 冖 襾 襾 西 要 要 要
537 5급 욕	浴	浴	浴	浴	목욕할 욕	氵=水부 총10획 회의문자	丶 冫 氵 氵 浐 沴 浴 浴 浴 浴
538 4급 욕	欲	欲	欲	欲	하고자할 욕	欠부 총11획	
539 5급 용	用	用	用	用	쓸 용	用부 총5획 상형문자	丿 冂 冂 月 用
540 5급 용	勇	勇	勇	勇	날랠 용	力부 총9획 형성문자	一 マ マ 甬 甬 甬 甬 勇 勇

연습문제 6

01-03 다음 한자(漢字)의 부수(部首)는 무엇입니까?

01 羊 : ① 十　② 王　③ 三　④ 木　⑤ 羊

02 逆 : ① ⧉　② 辶　③ 屰　④ 十　⑤ 艸

03 神 : ① 申　② 田　③ 小　④ 示　⑤ 二

04-06 다음 한자(漢字)의 획수(劃數)는 모두 몇 획입니까?

04 兒 : ① 6　② 7　③ 8　④ 9　⑤ 10

05 榮 : ① 13　② 14　③ 15　④ 16　⑤ 17

06 業 : ① 11　② 12　③ 13　④ 14　⑤ 15

07-08 다음 필순(筆順)에 대한 설명에 가장 알맞은 한자 (漢字)는 어느 것입니까?

07 삐침과 파임이 만날 때에는 삐침을 먼저 쓴다.

　　① 深　② 十　③ 失　④ 案　⑤ 汝

08 왼쪽에서 오른쪽으로 쓴다.

　　① 魚　② 如　③ 午　④ 言　⑤ 五

09-18 다음 한자(漢字)의 음(音)은 무엇입니까?

09 神 : ① 신　② 안　③ 암　④ 악　⑤ 실

10 新 : ① 심　② 실　③ 식　④ 십　⑤ 신

11 失 : ① 식　② 실　③ 야　④ 애　⑤ 아

12 案 : ① 심　② 신　③ 식　④ 안　⑤ 양

13 深 : ① 오　② 실　③ 십　④ 악　⑤ 심

14 養 : ① 예　② 영　③ 엽　④ 양　⑤ 여

15 億 : ① 억　② 오　③ 업　④ 열　⑤ 역

16 研 : ① 안　② 연　③ 억　④ 어　⑤ 온

17 顔 : ① 암　② 용　③ 욕　④ 악　⑤ 안

18 迎 : ① 영　② 여　③ 연　④ 앙　⑤ 용

19-23 다음의 음(音)을 가진 한자(漢字)는 어느 것입니까?

19 야 : ① 識　② 身　③ 野　④ 惡　⑤ 余

20 아 : ① 臣　② 兒　③ 信　④ 失　⑤ 如

21 오 : ① 約　② 外　③ 午　④ 魚　⑤ 瓦

22 연 : ① 用　② 洋　③ 悅　④ 英　⑤ 然

23 애 : ① 我　② 也　③ 揚　④ 哀　⑤ 悟

24-33 다음 한자(漢字)의 뜻은 무엇입니까?

24 夜 : ① 들　　　② 약　　　③ 밤
　　　　④ 책상　　　⑤ 사랑

25 身 : ① 몸　　　② 집　　　③ 아이
　　　　④ 전체　　　⑤ 재주

26 深 : ① 잡다　　　② 쉽다　　　③ 파다
　　　　④ 깊다　　　⑤ 메우다

27 眼 : ① 내　　　② 눈　　　③ 편안
　　　　④ 시험　　　⑤ 말씀

28 業 : ① 낮　　　② 조　　　③ 법
　　　　④ 밥　　　⑤ 일

29 熱 : ① 차다　　　② 구슬　　　③ 덥다
　　　　④ 익히다　　　⑤ 약하다

30 葉 : ① 잎　　　② 볕　　　③ 밥
　　　　④ 들　　　⑤ 열

31 藝 : ① 낮　　　② 재주　　　③ 말씀
　　　　④ 기능　　　⑤ 고기

32 辛 : ① 역　　　② 맵다　　　③ 귀신
　　　　④ 믿다　　　⑤ 새롭다

33 讓 : ① 별　　　② 맺다　　　③ 기르다
　　　　④ 사양하다　　　⑤ 완전하다

34-38 다음의 뜻을 가진 한자(漢字)는 어느 것입니까?

34 아이　: ① 兒　② 愛　③ 溫　④ 臣　⑤ 往

35 볕　　: ① 英　② 魚　③ 嚴　④ 約　⑤ 陽

36 약속하다 : ① 羊　② 午　③ 約　④ 榮　⑤ 實

37 꽃부리 : ① 英　② 洋　③ 如　④ 永　⑤ 完

38 날리다 : ① 要　② 烏　③ 揚　④ 餘　⑤ 弱

39-48 다음 한자어(漢字語)의 음(音)은 무엇입니까?

39 實行 : ① 서행　② 실력　③ 과실　④ 사실　⑤ 실행

40 深夜 : ① 심해　② 심사　③ 심중　④ 심야　⑤ 양심

41 安保 : ① 안전　② 안보　③ 보수　④ 답안　⑤ 보호

42 暗記 : ① 암시　② 속기　③ 암기　④ 암송　⑤ 필기

43 溫室 : ① 온실　② 실내　③ 교실　④ 왕실　⑤ 거실

44 漁船 : ① 어장　② 원양　③ 풍어　④ 어부　⑤ 어선

45 國語 : ① 어학　② 어법　③ 국어　④ 영어　⑤ 불어

46 天然 : ① 자연　② 과연　③ 필연　④ 천연　⑤ 천해

47 信仰 : ① 신용　② 신규　③ 환영　④ 신망　⑤ 신앙

48 輿件 : ① 사건　② 실권　③ 여건　④ 조건　⑤ 권고

49-50 다음 단어들의 '□'에 공통으로 들어갈 알맞은 한자(漢字)는 어느 것입니까?

49 方□, □論, □行 :
　　① 億　② 言　③ 英　④ 逆　⑤ 炎

50 平□, 容□, 難□度 :
　　① 若　② 易　③ 養　④ 安　⑤ 嚴

541 5급 容 용	얼굴 **용**	宀부 총10획 회의문자	容 容 容	`丶 宀 宀 宀 宀 灾 灾 容 容 容`
542 5급 右 우	오른쪽 **우**	口부 총5획 회의문자	右 右 右	`ノ ナ ナ 右 右`
543 5급 牛 우	소 **우**	牛부 총4획 상형문자	牛 牛 牛	`ノ 二 午 牛`
544 5급 友 우	벗 **우**	又부 총4획 회의문자	友 友 友	`一 ナ 方 友`
545 5급 雨 우	비 **우**	雨부 총8획 상형문자	雨 雨 雨	`一 厂 厅 币 币 雨 雨 雨`
546 5급 宇 우	집 **우**	宀부 총6획 형성문자	宇 宇 宇	`丶 宀 宀 宁 宇 宇`
547 4급 于 우	어조사 **우**	二부 총3획	于 于 于	
548 4급 憂 우	근심 **우**	心부 총15획	憂 憂 憂	
549 4급 又 우	또 **우**	又부 총2획	又 又 又	
550 4급 尤 우	더욱 **우**	尤부 총4획	尤 尤 尤	
551 4급 遇 우	만날 **우**	辶=辵부 총13획	遇 遇 遇	
552 5급 雲 운	구름 **운**	雨부 총12획 형성문자	雲 雲 雲	`一 厂 厅 币 币 雨 雫 雫 雲 雲 雲 雲`
553 5급 運 운	옮길 **운**	辶=辵부 총13획 형성문자	運 運 運	`一 一 百 百 冒 冒 軍 軍 運 運 運`
554 4급 云 운	이를 **운**	二부 총4획	云 云 云	
555 5급 雄 웅	수컷 **웅**	隹부 총12획 형성문자	雄 雄 雄	`一 ナ 左 左 厷 厷 灼 灼 雄 雄 雄 雄`

556 5급 원	元	元 元 元	으뜸 **원**	儿부 총4획 회의문자	一 二 テ 元
557 5급 원	原	原 原 原	언덕 **원**	厂부 총10획 회의문자	一 厂 厂 厂 厈 屌 盾 原 原 原
558 5급 원	遠	遠 遠 遠	멀 **원**	辶=辵부 총14획 형성문자	一 十 土 专 吉 吉 声 克 亨 袁 袁 遠 遠 遠
559 5급 원	園	園 園 園	동산 **원**	口부 총13획 형성문자	丨 冂 冂 冃 門 周 周 周 園 園 園 園 園
560 5급 원	願	願 願 願	원할 **원**	頁부 총19획 형성문자	一 厂 厂 厂 厈 厈 居 屌 原 原 原 願 願 願 願 願 願
561 4급 원	怨	怨 怨 怨	원망할 **원**	心부 총9획	
562 4급 원	圓	圓 圓 圓	둥글 **원**	口부 총13획	
563 5급 월	月	月 月 月	달 **월**	月부 총4획 상형문자	丿 刀 月 月
564 5급 위	位	位 位 位	자리 **위**	亻=人부 총7획 회의문자	丿 亻 亻 ㇏ 位 位 位
565 4급 위	偉	偉 偉 偉	클 **위**	亻=人부 총11획	
566 4급 위	危	危 危 危	위태할 **위**	卩부 총6획	
567 5급 위	爲	爲 爲 爲	할 **위**	爫=爪부 총12획 상형문자	丶 丶 爫 爫 爫 产 户 斉 爲 爲 爲 爲
568 4급 위	威	威 威 威	위엄 **위**	女부 총9획	
569 5급 유	由	由 由 由	말미암을 **유**	田부 총5획 상형문자	丨 冂 日 由 由
570 5급 유	油	油 油 油	기름 **유**	氵=水부 총8획 형성문자	丶 丶 氵 氵 沪 沪 油 油

571	5급	有	有	有	有	있을 유	月부 총6획 형성문자	ノ ナ 冇 冇 有 有
572	4급	酉	酉	酉	酉	닭 유	酉부 총7획	
573	4급	猶	猶	猶	猶	오히려 유	犭=犬부 총12획	
574	4급	唯	唯	唯	唯	오직 유	口부 총11획	
575	4급	遊	遊	遊	遊	놀 유	辶=辵부 총13획	
576	4급	柔	柔	柔	柔	부드러울 유	木부 총9획	
577	5급	遺	遺	遺	遺	남길 유	辶=辵부 총16획 형성문자	ヽ 口 中 虫 虫 虫 虫 青 青 貴 貴 貴 遺 遺 遺 遺
578	4급	幼	幼	幼	幼	어릴 유	幺부 총5획	
579	5급	肉	肉	肉	肉	고기 육	肉부 총6획 상형문자	丨 冂 冂 内 肉 肉
580	5급	育	育	育	育	기를 육	月=肉부 총8획 회의문자	ヽ 二 云 云 育 育 育 育
581	5급	恩	恩	恩	恩	은혜 은	心부 총10획 형성문자	丨 冂 冃 田 因 因 恩 恩 恩 恩
582	5급	銀	銀	銀	銀	은 은	金부 총14획 형성문자	ノ ナ ド 乍 年 车 余 金 釒 釘 鈩 鈤 銀 銀
583	4급	乙	乙	乙	乙	새 을	乙부 총1획	
584	5급	音	音	音	音	소리 음	音부 총9획 지사문자	ヽ 二 立 立 产 音 音 音 音
585	5급	飮	飮	飮	飮	마실 음	食부 총13획 형성문자	ノ ナ ト 仸 侴 侴 冇 育 育 飠 飮 飮 飮

586 4급 음	陰	陰 陰 陰		
	그늘 음	阝=阜부 총11획		
587 4급 음	吟	吟 吟 吟		
	읊을 음	口부 총7획		
588 5급 읍	邑	邑 邑 邑		
	고을 읍	邑부 총7획 회의문자	`丶丶丷口吕邑邑`	
589 4급 읍	泣	泣 泣 泣		
	울 읍	氵=水부 총8획		
590 5급 응	應	應 應 應		
	응할 응	心부 총17획 회의문자	`丶一广广广庁庁庁庐庐雁雁雁雁雁應應應`	
591 5급 의	衣	衣 衣 衣		
	옷 의	衣부 총6획 상형문자	`丶一ナ衣衣衣`	
592 5급 의	義	義 義 義		
	옳을 의	羊부 총13획 회의문자	`丶丷丷羊羊羊羊羊義義義`	
593 5급 의	議	議 議 議		
	의논할 의	言부 총20획 형성문자	`丶一ニ主言言言言計計詳詳詳詳詳議議議`	
594 5급 의	醫	醫 醫 醫		
	의원 의	酉부 총18획 회의문자	`丶一厂厂医医医殴殴殹殹殹醫醫醫醫醫醫`	
595 5급 의	意	意 意 意		
	뜻 의	心부 총13획 회의문자	`丶一ナ立产音音音音意意意`	
596 4급 의	依	依 依 依		
	의지할 의	亻=人부 총8획		
597 4급 의	矣	矣 矣 矣		
	어조사 의	矢부 총7획		
598 5급 이	二	二 二 二		
	두 이	二부 총2획 지사문자	`一 二`	
599 5급 이	耳	耳 耳 耳		
	귀 이	耳부 총6획 상형문자	`一丆丆斤耳耳`	
600 5급 이	移	移 移 移		
	옮길 이	禾부 총11획 형성문자	`丿二千禾禾禾秒秒移移移`	

601 5급	以	以	以	以										
이	써 **이**	人부 총5획 회의문자	ノ	ト	レ	以	以							
602 4급	已	已	已	已										
이	이미 **이**	己부 총3획												
603 4급	而	而	而	而										
이	말이을 **이**	而부 총6획												
604 4급	異	異	異	異										
이	다를 **이**	田부 총11획												
605 5급	益	益	益	益										
익	더할 **익**	皿부 총10획 회의문자	ノ	ハ	ム	夕	犬	犬	谷	谷	备	益		
606 5급	人	人	人	人										
인	사람 **인**	人부 총2획 상형문자	ノ	人										
607 5급	因	因	因	因										
인	인할 **인**	囗부 총6획 회의문자	l	冂	冃	円	禸	因						
608 5급	引	引	引	引										
인	끌 **인**	弓부 총4획 회의문자	⁊	⁊	弓	引								
609 5급	仁	仁	仁	仁										
인	어질 **인**	イ=人부 총4획 회의문자	ノ	イ	仁	仁								
610 4급	認	認	認	認										
인	알 **인**	言부 총14획												
611 4급	忍	忍	忍	忍										
인	참을 **인**	心부 총7획												
612 4급	寅	寅	寅	寅										
인	범 **인**	宀부 총11획												
613 4급	印	印	印	印										
인	도장 **인**	卩부 총6획												
614 5급	一	一	一	一										
일	한 **일**	一부 총1획 지사문자	一											
615 5급	日	日	日	日										
일	날 **일**	日부 총4획 상형문자	l	冂	曰	日								

616 4급 壬 임	壬	壬	壬								
북방 **임**	士부 총4획										
617 5급 入 입	入	入	入								
들 **입**	入부 총2획 **지사문자**	ノ 入									
618 5급 子 자	子	子	子								
아들 **자**	子부 총3획 **상형문자**	フ 了 子									
619 5급 字 자	字	字	字								
글자 **자**	子부 총6획 **형성문자**	丶 宀 宀 宀 宁 字									
620 5급 自 자	自	自	自								
스스로 **자**	自부 총6획 **상형문자**	ノ 亻 宀 自 自 自									
621 5급 者 자	者	者	者								
놈 **자**	耂=老부 총9획 **회의문자**	一 十 土 耂 耂 者 者 者 者									
622 4급 慈 자	慈	慈	慈								
사랑 **자**	心부 총13획										
623 4급 姉 자	姉	姉	姉								
손윗누이 **자**	女부 총8획										
624 5급 作 작	作	作	作								
지을 **작**	亻=人부 총7획 **회의문자**	ノ 亻 仁 仁 竹 作 作									
625 4급 昨 작	昨	昨	昨								
어제 **작**	日부 총9획										
626 5급 長 장	長	長	長								
길 **장**	長부 총8획 **상형문자**	丨 ㄇ 厂 F 手 長 長 長									
627 5급 場 장	場	場	場								
마당 **장**	土부 총12획 **형성문자**	一 十 土 圹 圹 圻 圻 坦 場 場 場									
628 5급 章 장	章	章	章								
글 **장**	立부 총11획 **회의문자**	丶 亠 产 立 产 咅 音 音 音 章 章									
629 5급 將 장	將	將	將								
장수 **장**	寸부 총11획 **형성문자**	丨 丬 丬 汁 护 护 护 将 將 將									
630 4급 壯 장	壯	壯	壯								
장할 **장**	士부 총7획										

연습문제 7

01-03 다음 한자(漢字)의 부수(部首)는 무엇입니까?

01 育 : ① 肉　② 育　③ 亠　④ 一　⑤ 日

02 義 : ① 戈　② 十　③ 我　④ 羊　⑤ 三

03 益 : ① 八　② 皿　③ 一　④ 十　⑤ 血

04-06 다음 한자(漢字)의 획수(劃數)는 모두 몇 획입니까?

04 陰 : ① 10　② 11　③ 12　④ 13　⑤ 14

05 醫 : ① 15　② 16　③ 17　④ 18　⑤ 19

06 章 : ① 9　② 10　③ 11　④ 12　⑤ 13

07-08 다음 필순(筆順)에 대한 설명에 가장 알맞은 한자(漢字)는 어느 것입니까?

07 왼쪽에서 오른쪽으로 쓴다.

　① 位　② 有　③ 育　④ 肉　⑤ 壬

08 안과 바깥이 있을 때에는 바깥을 먼저 쓴다.

　① 認　② 入　③ 昨　④ 因　⑤ 乙

09-18 다음 한자(漢字)의 음(音)은 무엇입니까?

09 邑 : ① 음　② 은　③ 위　④ 읍　⑤ 용

10 月 : ① 우　② 응　③ 읍　④ 은　⑤ 월

11 育 : ① 육　② 월　③ 유　④ 위　⑤ 운

12 應 : ① 읍　② 음　③ 인　④ 응　⑤ 웅

13 以 : ① 음　② 위　③ 원　④ 유　⑤ 이

14 者 : ① 일　② 재　③ 작　④ 자　⑤ 임

15 章 : ① 장　② 입　③ 인　④ 이　⑤ 일

16 作 : ① 작　② 잔　③ 자　④ 익　⑤ 임

17 危 : ① 원　② 을　③ 우　④ 용　⑤ 위

18 忍 : ① 인　② 연　③ 의　④ 음　⑤ 염

19-23 다음의 음(音)을 가진 한자(漢字)는 어느 것입니까?

19 의 : ① 意　② 肉　③ 容　④ 陰　⑤ 宇

20 유 : ① 醫　② 議　③ 二　④ 油　⑤ 遇

21 은 : ① 有　② 云　③ 衣　④ 由　⑤ 恩

22 이 : ① 人　② 移　③ 遠　④ 位　⑤ 又

23 유 : ① 憂　② 圓　③ 爲　④ 柔　⑤ 依

24-33 다음 한자(漢字)의 뜻은 무엇입니까?

24 陰 : ① 그늘　② 소리　③ 동구
　　　④ 고을　⑤ 의원

25 議 : ① 옳다　② 정하다　③ 말하다
　　　④ 의논하다　⑤ 손윗누이

26 醫 : ① 어제　② 병원　③ 의원
　　　④ 오늘　⑤ 간호사

27 耳 : ① 코　② 입　③ 눈
　　　④ 귀　⑤ 닭

28 元 : ① 뜻　② 달　③ 말씀
　　　④ 넓다　⑤ 으뜸

29 益 : ① 정하다　② 옮기다　③ 인하다
　　　④ 더하다　⑤ 마시다

30 引 : ① 줄　② 활　③ 끌다
　　　④ 밀다　⑤ 오직

31 認 : ① 알다　② 참다　③ 느끼다
　　　④ 말하다　⑤ 만나다

32 依 : ① 하다　② 어리다　③ 의논하다
　　　④ 부드럽다　⑤ 의지하다

33 壯 : ① 짓다　② 참다　③ 원하다
　　　④ 장하다　⑤ 대적하다

34-38 다음의 뜻을 가진 한자(漢字)는 어느 것입니까?

34 자리 : ① 位　② 應　③ 以　④ 意　⑤ 雲

35 기름 : ① 義　② 以　③ 油　④ 邑　⑤ 牛

36 옮기다 : ① 猶　② 人　③ 章　④ 仁　⑤ 移

37 길다 : ① 因　② 一　③ 長　④ 音　⑤ 字

38 사랑 : ① 願　② 遊　③ 慈　④ 異　⑤ 銀

39-48 다음 한자어(漢字語)의 음(音)은 무엇입니까?

39 陰陽 : ① 음지　② 음흉　③ 태양　④ 음행　⑤ 음양

40 音樂 : ① 음악　② 음성　③ 환락　④ 화음　⑤ 음향

41 意義 : ① 의무　② 의도　③ 의의　④ 의식　⑤ 의전

42 會議 : ① 논의　② 회의　③ 회식　④ 토의　⑤ 결의

43 育成 : ① 대성　② 육영　③ 육림　④ 육성　⑤ 확성

44 移動 : ① 이민　② 작동　③ 이용　④ 이전　⑤ 이동

45 公益 : ① 공익　② 공공　③ 유익　④ 무익　⑤ 수익

46 因果 : ① 인습　② 인증　③ 결과　④ 원인　⑤ 인과

47 遺産 : ① 양산　② 발산　③ 유산　④ 암산　⑤ 유전

48 威勢 : ① 위주　② 위기　③ 위세　④ 상세　⑤ 여세

49-50 다음 단어들의 '□'에 공통으로 들어갈 알맞은 한자(漢字)는 어느 것입니까?

49 □急, □答, □用 :
　　① 耳　② 以　③ 應　④ 二　⑤ 已

50 □見, 特□, □性 :
　　① 質　② 異　③ 理　④ 移　⑤ 而

631 5급 재	材	材 材 材		재목 재	木부 총7획 형성문자	一 十 才 オ 朾 村 材
632 5급 재	財	財 財 財		재물 재	貝부 총10획 형성문자	丨 冂 冂 冃 目 貝 貝 則 財 財
633 5급 재	在	在 在 在		있을 재	土부 총6획 형성문자	一 ナ 才 存 在 在
634 5급 재	再	再 再 再		두 재	冂부 총6획 회의문자	一 一 一 一 一 一
635 5급 재	才	才 才 才		재주 재	扌=手부 총3획 상형문자	一 十 才
636 4급 재	栽	栽 栽 栽		심을 재	木부 총10획	
637 4급 재	哉	哉 哉 哉		어조사 재	口부 총9획	
638 5급 쟁	爭	爭 爭 爭		다툴 쟁	⺥=爪부 총8획 회의문자	᠆ ᠆ ᠆ ᠆ ᠆ ᠆ ᠆ 爭
639 5급 저	貯	貯 貯 貯		쌓을 저	貝부 총12획 형성문자	丨 冂 冂 冃 目 貝 貝 貝 貯 貯 貯 貯
640 4급 저	低	低 低 低		낮을 저	亻=人부 총7획	
641 4급 저	著	著 著 著		나타날 저	⺿=艸부 총13획	
642 5급 적	的	的 的 的		과녁 적	白부 총8획 형성문자	᠆ ᠆ 亇 亇 白 白 的 的
643 4급 적	赤	赤 赤 赤		붉을 적	赤부 총7획	
644 4급 적	敵	敵 敵 敵		대적할 적	攵=攴부 총15획	
645 4급 적	適	適 適 適		맞을 적	辶=辵부 총15획	

646 5급 전	田	田	田	田	밭 전	田부 총5획 상형문자	丨 冂 田 田 田
647 5급 전	全	全	全	全	온전할 전	入부 총6획 회의문자	丿 入 亼 仐 全 全
648 5급 전	前	前	前	前	앞 전	刂=刀부 총9획 형성문자	丷 丷 丷 前 前 前 前 前 前
649 5급 전	展	展	展	展	펼 전	尸부 총10획 회의문자	丆 コ 尸 尸 尸 屈 屈 展 展 展
650 5급 전	電	電	電	電	번개 전	雨부 총13획 회의문자	一 一 一 雨 雨 雨 雨 雨 電 電 電 電 電
651 5급 전	傳	傳	傳	傳	전할 전	亻=人부 총13획 형성문자	丿 亻 亻 仁 仃 侕 僡 俥 傳 傳 傳
652 5급 전	典	典	典	典	법 전	八부 총8획 회의문자	丨 冂 曰 由 曲 典 典 典
653 5급 전	戰	戰	戰	戰	싸움 전	戈부 총16획 회의문자	丷 丷 吅 吅 吅 冎 單 單 單 單 戰 戰 戰
654 4급 전	錢	錢	錢	錢	돈 전	金부 총16획	
655 5급 절	節	節	節	節	마디 절	竹부 총15획 형성문자	丿 上 丯 丯 丬 竹 竿 竿 笳 節 節 節 節 節
656 5급 절	絶	絶	絶	絶	끊을 절	糸부 총12획 회의문자	幺 幺 糸 糸 糸 絆 絆 絶 絶 絶
657 5급 점	店	店	店	店	가게 점	广부 총8획 형성문자	丶 一 广 广 庐 店 店 店
658 5급 접	接	接	接	接	접할 접	扌=手부 총11획 형성문자	一 十 扌 扩 扩 护 护 拉 接 接
659 5급 정	正	正	正	正	바를 정	止부 총5획 회의문자	一 丁 下 正 正
660 5급 정	政	政	政	政	정사 정	攵=攴부 총9획 형성문자	一 丁 下 正 正 政 政 政 政

02 한자 쓰기 연습

661 5급	定	定 定 定		정할 정	宀부 총8획 형성문자	﹑ ﹍ ﹁ 宀 宁 宇 定 定
662 5급	情	情 情 情		뜻 정	忄=心부 총11획 형성문자	﹑ ﹑ ﹎ 忄 忄 忄 忭 情 情 情 情
663 5급	庭	庭 庭 庭		뜰 정	广부 총10획 형성문자	﹑ 亠 广 广 庐 庐 庭 庭 庭 庭
664 5급	精	精 精 精		정할 정	米부 총14획 형성문자	﹑ ﹑ 二 半 半 米 米 米 米 精 精 精 精 精
665 4급	丁	丁 丁 丁		장정 정	一부 총2획	
666 4급	頂	頂 頂 頂		정수리 정	頁부 총11획	
667 4급	停	停 停 停		머무를 정	亻=人부 총11획	
668 4급	井	井 井 井		우물 정	二부 총4획	
669 4급	貞	貞 貞 貞		곧을 정	貝부 총9획	
670 4급	靜	靜 靜 靜		고요할 정	靑부 총16획	
671 4급	淨	淨 淨 淨		깨끗할 정	氵=水부 총11획	
672 5급	弟	弟 弟 弟		아우 제	弓부 총7획 상형문자	﹑ ﹑ 兰 兰 弟 弟 弟
673 5급	題	題 題 題		제목 제	頁부 총18획 회의문자	﹑ 口 日 日 旦 早 是 是 是 是 題 題 題 題 題 題
674 5급	製	製 製 製		지을 제	衣부 총14획 형성문자	﹑ 亠 二 牛 午 制 制 制 制 製 製 製 製
675 5급	第	第 第 第		차례 제	竹부 총11획 형성문자	﹑ 二 午 灬 笅 笅 笃 第 第

80

번호	급수	한자	음	훈음	부수·획수	필순
676	4급	除	제	덜 제	阝=阜부 총10획	
677	5급	帝	제	임금 제	巾부 총9획 상형문자	丶 亠 亣 立 产 产 产 帝 帝
678	4급	祭	제	제사 제	示부 총11획	
679	4급	諸	제	모두 제	言부 총16획	
680	5급	早	조	이를 조	日부 총6획 회의문자	丨 冂 日 日 旦 早
681	5급	造	조	지을 조	辶=辵부 총11획 형성문자	ノ 𠂉 ⺧ 牛 牛 告 告 告 浩 浩 造
682	5급	鳥	조	새 조	鳥부 총11획 상형문자	ノ 亻 户 户 白 自 鳥 鳥 鳥 鳥 鳥
683	5급	調	조	고를 조	言부 총15획 형성문자	丶 亠 亠 言 言 言 言 言 訂 訂 訶 調 調 調 調
684	5급	朝	조	아침 조	月부 총12획 회의문자	一 十 十 古 古 吉 直 卓 卓 朝 朝 朝
685	5급	助	조	도울 조	力부 총7획 형성문자	丨 冂 月 月 且 助 助
686	5급	祖	조	할아비 조	示부 총10획 형성문자	一 二 亍 亍 示 礻 礽 祠 祖 祖
687	5급	兆	조	억조 조	儿부 총6획 상형문자	丿 丿 丬 兆 兆 兆
688	5급	足	족	발 족	足부 총7획 상형문자	丨 冂 口 卩 卩 尸 足
689	5급	族	족	겨레 족	方부 총11획 회의문자	丶 亠 方 方 方 方 方 方 旅 族 族
690	5급	存	존	있을 존	子부 총6획 회의문자	一 ナ 才 左 存 存

691 4급 존	尊	尊 尊 尊	높을 존	寸부 총12획								
692 5급 졸	卒	卒 卒 卒	마칠 졸	十부 총8획 회의문자	、亠宀产卒卒卒卒							
693 5급 종	種	種 種 種	씨 종	禾부 총14획 형성문자	一二千禾禾禾秆秆秆秆種種種							
694 5급 종	宗	宗 宗 宗	으뜸 종	宀부 총8획 회의문자	、宀宀宁宇宗宗							
695 4급 종	終	終 終 終	마칠 종	糸부 총11획								
696 4급 종	從	從 從 從	좇을 종	彳부 총11획								
697 4급 종	鐘	鐘 鐘 鐘	쇠북 종	金부 총20획								
698 5급 좌	左	左 左 左	왼 좌	工부 총5획 회의문자	一ナ左左左							
699 4급 좌	坐	坐 坐 坐	앉을 좌	土부 총7획								
700 5급 죄	罪	罪 罪 罪	허물 죄	罒=网부 총13획 회의문자	、冖罒罒罒罪罪罪罪罪罪罪							
701 5급 주	主	主 主 主	주인 주	、부 총5획 상형문자	、二主主							
702 5급 주	注	注 注 注	부을 주	氵=水부 총8획 형성문자	、氵氵氵汢汢注注							
703 5급 주	住	住 住 住	살 주	亻=人부 총7획 형성문자	ノ亻亻亻住住住							
704 5급 주	晝	晝 晝 晝	낮 주	日부 총11획 회의문자	一二尹尹書書書書書書書							
705 5급 주	走	走 走 走	달릴 주	走부 총7획 회의문자	一十土キキ走走							

706 4급 주	酒 술 주	酒부 총10획	酒	酒	酒								
707 5급 주	宙 집 주	宀부 총8획 형성문자	宙	宙	宙	``丶丷宀宁宁宙宙宙``							
708 4급 주	朱 붉을 주	木부 총6획	朱	朱	朱								
709 5급 죽	竹 대 죽	竹부 총6획 상형문자	竹	竹	竹	``丿丿丿丿丿竹``							
710 5급 중	中 가운데 중	l부 총4획 상형문자	中	中	中	``丨冂口中``							
711 5급 중	衆 무리 중	血부 총12획 회의문자	衆	衆	衆	``丿丿冖血血血衆衆衆衆衆``							
712 5급 중	重 무거울 중	里부 총9획 형성문자	重	重	重	``丿二千千千重重重重``							
713 4급 즉	即 곧 즉	卩부 총9획	即	即	即								
714 5급 증	增 더할 증	土부 총15획 형성문자	增	增	增	``一十土圹圹圹圹圹圯圱增增增增增``							
715 4급 증	曾 일찍 증	日부 총12획	曾	曾	曾								
716 4급 증	證 증거 증	言부 총19획	證	證	證								
717 5급 지	止 그칠 지	止부 총4획 상형문자	止	止	止	``丨丨丨止``							
718 5급 지	知 알 지	矢부 총8획 회의문자	知	知	知	``丿丿二千矢矢知知``							
719 5급 지	地 따(땅) 지	土부 총6획 회의문자	地	地	地	``一十土圹地地``							
720 5급 지	指 가리킬 지	扌=手부 총9획 형성문자	指	指	指	``一十扌扩扩指指指指``							

연습문제 8

01-03 다음 한자(漢字)의 부수(部首)는 무엇입니까?

01 前 : ① 丷　② 刂　③ 前　④ 月　⑤ 肉

02 朝 : ① 月　② 卓　③ 日　④ 十　⑤ 早

03 助 : ① 且　② 助　③ 力　④ 一　⑤ 二

04-06 다음 한자(漢字)의 획수(劃數)는 모두 몇 획입니까?

04 政 : ① 8　② 9　③ 10　④ 11　⑤ 12

05 宗 : ① 6　② 7　③ 8　④ 9　⑤ 10

06 主 : ① 4　② 5　③ 6　④ 7　⑤ 8

07-08 다음 필순(筆順)에 대한 설명에 가장 알맞은 한자(漢字)는 어느 것입니까?

07 삐침과 파임이 만날 때에는 삐침을 먼저 쓴다.

　　① 靑　② 情　③ 定　④ 貯　⑤ 中

08 왼쪽에서 오른쪽으로 쓴다.

　　① 住　② 鳥　③ 存　④ 畫　⑤ 井

09-18 다음 한자(漢字)의 음(音)은 무엇입니까?

09 敵 : ① 제　② 전　③ 정　④ 졸　⑤ 적

10 傳 : ① 전　② 적　③ 저　④ 쟁　⑤ 좌

11 正 : ① 전　② 적　③ 정　④ 접　⑤ 재

12 展 : ① 접　② 적　③ 전　④ 정　⑤ 저

13 製 : ① 주　② 정　③ 전　④ 저　⑤ 제

14 注 : ① 좌　② 존　③ 주　④ 제　⑤ 중

15 族 : ① 제　② 족　③ 좌　④ 죄　⑤ 준

16 左 : ① 족　② 중　③ 졸　④ 좌　⑤ 죽

17 著 : ① 적　② 자　③ 절　④ 재　⑤ 저

18 停 : ① 정　② 중　③ 전　④ 경　⑤ 좌

19-23 다음의 음(音)을 가진 한자(漢字)는 어느 것입니까?

19 저 : ① 情　② 戰　③ 貯　④ 弟　⑤ 祭

20 정 : ① 精　② 田　③ 全　④ 爭　⑤ 在

21 족 : ① 終　② 朝　③ 祖　④ 足　⑤ 店

22 종 : ① 住　② 走　③ 重　④ 鳥　⑤ 種

23 정 : ① 栽　② 適　③ 錢　④ 靜　⑤ 止

24-33 다음 한자(漢字)의 뜻은 무엇입니까?

24 政 : ① 낮 ② 뜰 ③ 정원
④ 정사 ⑤ 바르다

25 定 : ① 곧 ② 두다 ③ 놓다
④ 치다 ⑤ 정하다

26 情 : ① 뜻 ② 곧다 ③ 푸르다
④ 고요하다 ⑤ 가리키다

27 田 : ① 산 ② 밭 ③ 논
④ 들 ⑤ 뜰

28 低 : ① 바닥 ② 높다 ③ 낮다
④ 앉다 ⑤ 쌓다

29 終 : ① 실 ② 우물 ③ 겨울
④ 마치다 ⑤ 시작하다

30 宗 : ① 집 ② 제사 ③ 증거
④ 버금 ⑤ 으뜸

31 主 : ① 살다 ② 주인 ③ 허물
④ 등불 ⑤ 물대다

32 適 : ① 과녁 ② 제목 ③ 맞다
④ 붉다 ⑤ 대적하다

33 除 : ① 짓다 ② 덜다 ③ 제사
④ 임금 ⑤ 높다

34-38 다음의 뜻을 가진 한자(漢字)는 어느 것입니까?

34 짓다 : ① 庭 ② 電 ③ 傳 ④ 赤 ⑤ 製

35 쌓다 : ① 貯 ② 正 ③ 精 ④ 敵 ⑤ 早

36 돕다 : ① 助 ② 左 ③ 畫 ④ 注 ⑤ 增

37 높다 : ① 足 ② 尊 ③ 卒 ④ 酒 ⑤ 地

38 쇠북 : ① 種 ② 朱 ③ 鍾 ④ 宗 ⑤ 貞

39-48 다음 한자어(漢字語)의 음(音)은 무엇입니까?

39 發展 : ① 전망 ② 전시 ③ 발전 ④ 전개 ⑤ 공전

40 絕景 : ① 절경 ② 절교 ③ 절대 ④ 광경 ⑤ 가경

41 家庭 : ① 교정 ② 친정 ③ 가택 ④ 가구 ⑤ 가정

42 製品 : ① 제한 ② 등제 ③ 제목 ④ 제품 ⑤ 상품

43 政治 : ① 정치 ② 정사 ③ 정당 ④ 선정 ⑤ 정선

44 早期 : ① 조퇴 ② 조속 ③ 조조 ④ 조기 ⑤ 한기

45 祖國 : ① 선조 ② 조국 ③ 조상 ④ 애국 ⑤ 모국

46 民族 : ① 민요 ② 족속 ③ 가족 ④ 부족 ⑤ 민족

47 順從 : ① 타종 ② 품종 ③ 개종 ④ 순종 ⑤ 추종

48 卽時 : ① 적시 ② 정시 ③ 즉시 ④ 감시 ⑤ 항시

49-50 다음 단어들의 '□'에 공통으로 들어갈 알맞은 한자(漢字)는 어느 것입니까?

49 □面, □常, □當 :
① 政 ② 正 ③ 庭 ④ 精 ⑤ 坐

50 保□, □券, 立□ :
① 登 ② 場 ③ 險 ④ 證 ⑤ 丁

721 5급 志 지	志 志 志	뜻 **지**	心부 총7획 형성문자	一 十 士 志 志 志 志
722 5급 至 지	至 至 至	이를 **지**	至부 총6획 지사문자	一 乙 互 互 至 至
723 5급 紙 지	紙 紙 紙	종이 **지**	糸부 총10획 형성문자	乙 幺 幺 系 系 糸 紅 紙 紙 紙
724 4급 只 지	只 只 只	다만 **지**	口부 총5획	
725 5급 支 지	支 支 支	지탱할 **지**	支부 총4획 회의문자	一 十 步 支
726 4급 枝 지	枝 枝 枝	가지 **지**	木부 총8획	
727 4급 持 지	持 持 持	가질 **지**	扌=手부 총9획	
728 4급 之 지	之 之 之	갈 **지**	丿부 총4획	
729 5급 直 직	直 直 直	곧을 **직**	目부 총8획 회의문자	一 十 广 古 直 直 直 直
730 5급 眞 진	眞 眞 眞	참 **진**	目부 총10획 회의문자	一 匕 匕 卣 卣 眉 旨 直 眞 眞
731 5급 進 진	進 進 進	나아갈 **진**	辶=辵부 총12획 회의문자	丿 亻 亻 亻 亻 亻 亻 隹 進 進 進 進
732 4급 辰 진	辰 辰 辰	별 **진**/때 **신**	辰부 총7획	
733 4급 盡 진	盡 盡 盡	다할 **진**	皿부 총14획	
734 5급 質 질	質 質 質	바탕 **질**	貝부 총15획 회의문자	丿 亻 仁 仁 仁 所 所 所 所 晳 晳 晳 晳 質 質
735 5급 集 집	集 集 集	모을 **집**	隹부 총12획 회의문자	丿 亻 亻 亻 亻 亻 隹 隹 集 集 集

736 4급 집	執	執	執	執								
	잡을 **집**	土부 총11획										
737 5급 차	次	次	次	次								
	버금 **차**	欠부 총6획 회의문자		`, ; > ;> >> 次`								
738 4급 차	此	此	此	此								
	이 **차**	止부 총6획										
739 4급 차	借	借	借	借								
	빌릴 **차**	亻=人부 총10획										
740 4급 차	且	且	且	且								
	또 **차**	一부 총5획										
741 5급 착	着	着	着	着								
	붙을 **착**	目부 총12획 형성문자		`, ` ` `` ` ` ` ` ` ` ` ` ` ` 羊 羊 羊 着 着 着 着`								
742 5급 찰	察	察	察	察								
	살필 **찰**	宀부 총14획 회의문자		`宀 宀 宀 宀 宀 宀 宀 宀 察 察 察 察`								
743 5급 참	參	參	參	參								
	참여할 **참**	厶부 총11획 회의문자		`ㄥ ㄥ ㄥ ㄥ 厽 厽 夂 矣 矣 參 參`								
744 5급 창	唱	唱	唱	唱								
	부를 **창**	口부 총11획 형성문자		`ㅣ �17 ㅁ ㅁ 叩 叩 吧 吧 唱 唱 唱`								
745 5급 창	窓	窓	窓	窓								
	창 **창**	穴부 총11획 형성문자		`, ` 宀 宀 宂 空 空 窓 窓 窓 窓`								
746 4급 창	昌	昌	昌	昌								
	창성할 **창**	日부 총8획										
747 4급 채	採	採	採	採								
	캘 **채**	扌=手부 총11획										
748 4급 채	菜	菜	菜	菜								
	나물 **채**	++=艸부 총12획										
749 5급 책	責	責	責	責								
	꾸짖을 **책**	貝부 총11획 형성문자		`一 二 主 丰 丰 青 青 青 青 責 責`								
750 5급 책	冊	冊	冊	冊								
	책 **책**	冂부 총5획 상형문자		`ㅣ 冂 冂 冊 冊`								

751 5급 처	處	處 處 處			곳 **처**	虍부 총11획 회의문자	` ` ⺊ 广 广 卢 卢 虏 虏 虏 處 處
752 4급 처	妻	妻 妻 妻			아내 **처**	女부 총8획	
753 4급 척	尺	尺 尺 尺			자 **척**	尸부 총4획	
754 5급 천	千	千 千 千			일천 **천**	十부 총3획 지사문자	` ` 二 千
755 5급 천	天	天 天 天			하늘 **천**	大부 총4획 회의문자	` 二 チ 天
756 5급 천	川	川 川 川			내 **천**	川=巛부 총3획 상형문자	` 丿 刀 川
757 4급 천	淺	淺 淺 淺			얕을 **천**	氵=水부 총11획	
758 4급 천	泉	泉 泉 泉			샘 **천**	水부 총9획	
759 4급 철	鐵	鐵 鐵 鐵			쇠 **철**	金부 총21획	
760 5급 청	靑	靑 靑 靑			푸를 **청**	靑부 총8획 형성문자	` 二 ≠ 主 丰 青 青 青
761 5급 청	淸	淸 淸 淸			맑을 **청**	氵=水부 총11획 형성문자	` ` 氵 汴 汴 洼 清 清 清 清 清
762 4급 청	請	請 請 請			청할 **청**	言부 총15획	
763 4급 청	聽	聽 聽 聽			들을 **청**	耳부 총22획	
764 4급 청	晴	晴 晴 晴			갤 **청**	日부 총12획	
765 5급 체	體	體 體 體			몸 **체**	骨부 총23획 형성문자	` ` 冂 冃 丹 丹 骨 骨 骨 骨 骨 骨 骨 體 體 體 體 體 體 體 體 體

766 5급 초	初	初 初 初	처음 **초**	刀부 총7획 회의문자	`丶 ㇋ ㇋ ネ ネ 初 初`
767 5급 초	草	草 草 草	풀 **초**	++=艸부 총10획 형성문자	`丶 ㅗ ㅛ ㅛ ㅛ 艹 苎 苩 草 草`
768 4급 초	招	招 招 招	부를 **초**	扌=手부 총8획	
769 5급 촌	村	村 村 村	마을 **촌**	木부 총7획 형성문자	`一 十 才 木 杧 村 村`
770 5급 촌	寸	寸 寸 寸	마디 **촌**	寸부 총3획 지사문자	`一 寸 寸`
771 5급 최	最	最 最 最	가장 **최**	日부 총12획 회의문자	`丶 ㅁ ㅁ 旦 旦 旱 晃 晃 最 最 最`
772 5급 추	秋	秋 秋 秋	가을 **추**	禾부 총9획 회의문자	`丶 ㅗ 千 禾 禾 禾 秋 秋 秋`
773 5급 추	追	追 追 追	쫓을 **추**	辶=辵부 총10획 형성문자	`丶 ㇒ ㇒ ㇊ 自 自 自 泊 泊 追`
774 4급 추	推	推 推 推	밀 **추(퇴)**	扌=手부 총11획	
775 5급 축	祝	祝 祝 祝	빌 **축**	示부 총10획 회의문자	`丶 ㅗ ㇒ ㇒ ネ ネ 祀 祀 祀 祝`
776 4급 축	丑	丑 丑 丑	소 **축**	一부 총4획	
777 5급 춘	春	春 春 春	봄 **춘**	日부 총9획 회의문자	`一 二 三 声 夹 表 春 春 春`
778 5급 출	出	出 出 出	날 **출**	凵부 총5획 상형문자	`丨 ㄴ 屮 出 出`
779 5급 충	充	充 充 充	채울 **충**	儿부 총6획 회의문자	`丶 ㅗ 云 云 齐 充`
780 5급 충	忠	忠 忠 忠	충성 **충**	心부 총8획 형성문자	`丶 ㅁ ㅁ 中 中 忠 忠 忠`

781 5급 충	蟲 벌레 충	虫部 총18획 회의문자	`ㅣ ㅁ ㅁ 中 虫 虫 虫 虫 虫 虫 虫 虫 蟲 蟲 蟲 蟲 蟲 蟲`
782 5급 취	取 가질 취	又部 총8획 회의문자	`一 ㄒ ㅋ ㅋ 耳 耳 取 取`
783 4급 취	就 나아갈 취	尢部 총12획	
784 4급 취	吹 불 취	口部 총7획	
785 5급 치	治 다스릴 치	氵=水部 총8획 형성문자	`丶 丶 氵 氵 汁 治 治 治`
786 5급 치	致 이를 치	至部 총10획 회의문자	`一 ㄥ ㅈ ㅈ 至 至 至 致 致 致`
787 5급 치	齒 이 치	齒部 총15획 상형문자	`丨 ㅕ 止 止 步 步 告 歯 歯 歯 歯 歯 歯 齒 齒`
788 5급 칙	則 법칙 칙	刂=刀部 총9획 회의문자	`丨 ㅁ 月 月 目 貝 貝 則 則`
789 5급 친	親 친할 친	見部 총16획 형성문자	`丶 ㅗ ㅗ 立 立 辛 辛 亲 亲 亲 新 親 親 親 親 親`
790 5급 칠	七 일곱 칠	一部 총2획 지사문자	`一 七`
791 4급 침	針 바늘 침	金部 총10획	
792 5급 쾌	快 쾌할 쾌	忄=心部 총7획 형성문자	`丶 丶 忄 忄 忙 快 快`
793 5급 타	打 칠 타	扌=手部 총5획 회의문자	`一 ㄤ 扌 打 打`
794 4급 타	他 다를 타	亻=人部 총5획	
795 4급 탈	脫 벗을 탈	月=肉部 총11획	

796 4급 탐	探	探 探 探								
	찾을 **탐**	扌=手부 총11획								
797 5급 태	太	太 太 太								
	클 **태**	大부 총4획 지사문자	一 ナ 大 太							
798 4급 태	泰	泰 泰 泰								
	클 **태**	氺=水부 10획								
799 5급 택	宅	宅 宅 宅								
	집 **택(댁)**	宀부 총6획 형성문자	丶 宀 宀 宅 宅 宅							
800 5급 토	土	土 土 土								
	흙 **토**	土부 총3획 상형문자	一 十 土							
801 5급 통	通	通 通 通								
	통할 **통**	辶=辵부 총11획 형성문자	丶 マ マ 丙 丙 育 甬 甬 诵 诵 通							
802 5급 통	統	統 統 統								
	거느릴 **통**	糸부 총12획 형성문자	〈 幺 幺 糸 糸 糸 糸 糸 紌 絉 絉 統							
803 5급 퇴	退	退 退 退								
	물러날 **퇴**	辶=辵부 총10획 회의문자	ㄱ ㄱ ㅋ 艮 艮 艮 艮 退 退 退							
804 4급 투	投	投 投 投								
	던질 **투**	扌=手부 총7획								
805 5급 특	特	特 特 特								
	특별할 **특**	牛부 총10획 회의문자	丿 宀 牛 牛 牜 牜 特 特 特 特							
806 5급 파	波	波 波 波								
	물결 **파**	氵=水부 총8획 형성문자	丶 〉 氵 氵 沪 沪 波 波							
807 4급 파	破	破 破 破								
	깨뜨릴 **파**	石부 총10획								
808 5급 판	判	判 判 判								
	판단할 **판**	刂=刀부 총7획 형성문자	丶 丷 ⺍ ⺍ 半 半 判							
809 5급 팔	八	八 八 八								
	여덟 **팔**	八부 총2획 지사문자	丿 八							
810 5급 패	敗	敗 敗 敗								
	패할 **패**	攵=攴부 총11획 회의문자	丨 冂 冃 目 目 貝 貝 貝 財 敗 敗							

연습문제 9

01-03 다음 한자(漢字)의 부수(部首)는 무엇입니까?

01 體 : ① 豆　② 日　③ 口　④ 豊　⑤ 骨

02 最 : ① 日　② 耳　③ 又　④ 取　⑤ 曰

03 七 : ① 七　② 匕　③ 一　④ 十　⑤ 二

04-06 다음 한자(漢字)의 획수(劃數)는 모두 몇 획입니까?

04 齒 : ① 14　② 15　③ 16　④ 17　⑤ 18

05 則 : ① 7　② 8　③ 9　④ 10　⑤ 11

06 波 : ① 7　② 8　③ 9　④ 10　⑤ 11

07-08 다음 필순(筆順)에 대한 설명에 가장 알맞은 한자
(漢字)는 어느 것입니까?

07 왼쪽에서 오른쪽으로 쓴다.

①青　②千　③川　④草　⑤之

08 가로획과 세로획이 교차할 때는 가로획을 먼저
쓴다.

①土　②統　③品　④他　⑤此

09-18 다음 한자(漢字)의 음(音)은 무엇입니까?

09 取 : ① 천　② 취　③ 치　④ 칙　⑤ 지

10 齒 : ① 추　② 초　③ 촌　④ 진　⑤ 치

11 則 : ① 칙　② 축　③ 창　④ 최　⑤ 착

12 責 : ① 치　② 책　③ 충　④ 출　⑤ 찰

13 初 : ① 체　② 충　③ 차　④ 집　⑤ 초

14 快 : ① 칠　② 쾌　③ 친　④ 카　⑤ 충

15 打 : ① 태　② 택　③ 타　④ 탁　⑤ 착

16 通 : ① 통　② 토　③ 특　④ 타　⑤ 채

17 盡 : ① 준　② 책　③ 재　④ 집　⑤ 진

18 招 : ① 소　② 청　③ 추　④ 초　⑤ 칭

19-23 다음의 음(音)을 가진 한자(漢字)는 어느 것입니까?

19 촌 : ① 忠　② 村　③ 草　④ 持　⑤ 泉

20 최 : ① 寸　② 治　③ 千　④ 最　⑤ 至

21 치 : ① 出　② 天　③ 致　④ 青　⑤ 且

22 택 : ① 七　② 他　③ 太　④ 富　⑤ 宅

23 취 : ① 昌　② 推　③ 就　④ 蟲　⑤ 直

24-33 다음 한자(漢字)의 뜻은 무엇입니까?

24 天 : ① 뜻　　② 봄　　③ 이
　　　④ 법칙　　⑤ 하늘

25 千 : ① 창　　② 일만　　③ 일천
　　　④ 일백　　⑤ 일억

26 出 : ① 빌다　　② 나다　　③ 가지다
　　　④ 올리다　　⑤ 다르다

27 忠 : ① 종이　　② 여정　　③ 생각
　　　④ 충성　　⑤ 가운데

28 責 : ① 꾸짖다　　② 가지다　　③ 불리다
　　　④ 추가하다　　⑤ 거느리다

29 快 : ① 청하다　　② 통하다　　③ 상하다
　　　④ 쾌하다　　⑤ 울적하다

30 他 : ① 쏘다　　② 치다　　③ 다르다
　　　④ 바르다　　⑤ 다하다

31 太 : ① 불똥　　② 크다　　③ 넓다
　　　④ 바다　　⑤ 법칙

32 支 : ① 가다　　② 가지다　　③ 곧다
　　　④ 친하다　　⑤ 지탱하다

33 判 : ① 다르다　　② 깨뜨리다　　③ 판단하다
　　　④ 특별하다　　⑤ 나아가다

34-38 다음의 뜻을 가진 한자(漢字)는 어느 것입니까?

34 가을 : ① 春 ② 秋 ③ 最 ④ 村 ⑤ 紙

35 채우다 : ① 則 ② 初 ③ 進 ④ 川 ⑤ 充

36 치다 : ① 打 ② 風 ③ 表 ④ 土 ⑤ 探

37 여덟 : ① 土 ② 筆 ③ 八 ④ 敗 ⑤ 淺

38 벗다 : ① 脫 ② 探 ③ 投 ④ 特 ⑤ 波

39-48 다음 한자어(漢字語)의 음(音)은 무엇입니까?

39 始初 : ① 초기 ② 시발 ③ 초대 ④ 시초 ⑤ 시작

40 草野 : ① 초야 ② 초가 ③ 초원 ④ 야채 ⑤ 초정

41 農村 : ① 촌락 ② 농촌 ③ 산촌 ④ 어촌 ⑤ 농부

42 最近 : ① 최고 ② 최신 ③ 원근 ④ 최근 ⑤ 측근

43 春秋 : ① 춘풍 ② 추수 ③ 춘추 ④ 만추 ⑤ 춘화

44 兩親 : ① 친화 ② 원근 ③ 친선 ④ 양친 ⑤ 선친

45 快感 : ① 경쾌 ② 경중 ③ 상쾌 ④ 쾌감 ⑤ 경감

46 他意 : ① 자타 ② 타국 ③ 자의 ④ 숙의 ⑤ 타의

47 借用 : ① 착용 ② 채용 ③ 적용 ④ 차용 ⑤ 사용

48 投宿 : ① 합숙 ② 투자 ③ 추진 ④ 투숙 ⑤ 투기

49-50 다음 단어들의 '□'에 공통으로 들어갈 알맞은 한자(漢字)는 어느 것입니까?

49 □富, □誠, 景□ :
　　① 統　② 清　③ 千　④ 天　⑤ 致

50 □産, □婚, 讀□ :
　　① 請　② 脫　③ 破　④ 打　⑤ 志

811 5급 패	貝	貝 貝 貝		조개 **패**	貝부 총7획 상형문자	ㅣ 冂 冂 日 目 貝 貝
812 5급 편	便	便 便 便		편할 **편**	亻=人부 총9획 회의문자	ノ 亻 亻 亻 仨 佰 佰 便 便
813 4급 편	篇	篇 篇 篇		책 **편**	竹부 총15획	
814 5급 편	片	片 片 片		조각 **편**	片부 총4획 상형문자	ノ ノ 乍 片
815 5급 평	平	平 平 平		평평할 **평**	干부 총5획 상형문자	一 一 亚 立 平
816 4급 폐	閉	閉 閉 閉		닫을 **폐**	門부 총11획	
817 4급 포	布	布 布 布		베 **포**	巾부 총5획	
818 4급 포	抱	抱 抱 抱		안을 **포**	扌=手부 총8획	
819 4급 폭	暴	暴 暴 暴		사나울 **폭**	日부 총15획	
820 5급 표	表	表 表 表		겉 **표**	衣부 총8획 회의문자	一 二 キ 主 킂 表 表 表
821 5급 품	品	品 品 品		물건 **품**	口부 총9획 회의문자	ㅣ 口 口 口 品 品 品 品 品
822 5급 풍	風	風 風 風		바람 **풍**	風부 총9획 회의문자	ノ 几 几 凡 凡 凨 風 風 風
823 5급 풍	豊	豊 豊 豊		풍성할 **풍**	묘부 총13획 상형문자	ㅣ 口 曰 由 曲 曲 曲 曹 曹 豊 豊 豊 豊
824 5급 피	皮	皮 皮 皮		가죽 **피**	皮부 총5획 회의문자	ノ 厂 广 皮 皮
825 4급 피	彼	彼 彼 彼		저 **피**	彳부 총8획	

94

826 **5급** 필	必	必	必	必										
	반드시 **필**	心부 총5획 회의문자		`丶 丿 必 必 必`									
827 **5급** 필	筆	筆	筆	筆										
	붓 **필**	竹부 총12획 회의문자		`丿 𠂉 𠂉 竹 竹 竺 竺 笁 筀 筀 筆 筆`									
828 **4급** 필	匹	匹	匹	匹										
	짝 **필**	匚부 총4획											
829 **5급** 하	下	下	下	下										
	아래 **하**	一부 총3획 지사문자		`一 丁 下`									
830 **5급** 하	夏	夏	夏	夏										
	여름 **하**	夂부 총10획 회의문자		`一 一 丆 丆 百 百 頁 夏 夏`									
831 **5급** 하	河	河	河	河										
	물 **하**	氵=水부 총8획 형성문자		`丶 丶 氵 氵 沪 沪 河 河`									
832 **4급** 하	何	何	何	何										
	어찌 **하**	亻=人부 총7획											
833 **4급** 하	賀	賀	賀	賀										
	하례할 **하**	貝부 총12획											
834 **5급** 학	學	學	學	學										
	배울 **학**	子부 총16획 회의문자		`丶 丿 𝘧 𝘧 𝘧 𝘧 𝘧 臼 臼 𦥑 𦥑 與 與 學 學`									
835 **4급** 한	寒	寒	寒	寒										
	찰 **한**	宀부 총12획											
836 **5급** 한	韓	韓	韓	韓										
	한국 **한**	韋부 총17획 형성문자		`一 十 十 古 古 查 卓 卓 𩏠 𩏡 𩏡 韓 韓 韓 韓`									
837 **5급** 한	漢	漢	漢	漢										
	한수 **한**	氵=水부 총14획 형성문자		`丶 丶 氵 氵 汁 沣 浩 浩 浩 浩 澊 漢 漢`									
838 **5급** 한	限	限	限	限										
	한할 **한**	阝=阜부 총9획 형성문자		`丶 阝 阝 阝 阝 阳 阳 限 限`									
839 **4급** 한	恨	恨	恨	恨										
	한 **한**	忄=心부 총9획											
840 **4급** 한	閑	閑	閑	閑										
	한가할 **한**	門부 총12획											

841 5급 합	合	합할 **합**	口부 총6획 회의문자	ノ人人合合合
842 4급 항	恒	항상 **항**	↑=心부 총9획	
843 5급 해	海	바다 **해**	氵=水부 총10획 형성문자	丶丶氵氵沪泸海海海海
844 5급 해	解	풀 **해**	角부 총13획 회의문자	ノ⺈严角角角角船船船解解解
845 5급 해	害	해할 **해**	宀부 총10획 회의문자	丶宀宀宁宇宝宝害害
846 4급 해	亥	돼지 **해**	亠부 총6획	
847 5급 행	行	다닐 **행**	行부 총6획 상형문자	ノノイ彳行行
848 5급 행	幸	다행 **행**	干부 총8획 회의문자	一十土丰吉丰幸幸
849 5급 향	香	향기 **향**	香부 총9획 회의문자	ノ二千禾禾禾香香香
850 5급 향	鄕	시골 **향**	阝=邑부 총13획 회의문자	ノ幺幺乡乡乡乡乡纩绾绾'鄕鄕
851 5급 향	向	향할 **향**	口부 총6획 회의문자	ノイ白白向向
852 4급 허	虛	빌 **허**	虍부 총12획	
853 4급 허	許	허락할 **허**	言부 총11획	
854 5급 혁	革	가죽 **혁**	革부 총9획 상형문자	一十廿廿芦芦苒苒革
855 5급 현	現	나타날 **현**	王=玉부 총11획 형성문자	一二F王玑玑玥玥玥現現

856 4급 현	賢	賢	賢	賢							
	어질 **현**	貝부 총15획									
857 5급 혈	血	血	血	血							
	피 **혈**	血부 총6획 **상형문자**	ノ ′ 个 鬥 血 血								
858 5급 협	協	協	協	協							
	화합할 **협**	十부 총8획 **회의문자**	一 十 忄 忄 协 協 協 協								
859 5급 형	兄	兄	兄	兄							
	형 **형**	儿부 총5획 **회의문자**	丶 口 口 尸 兄								
860 5급 형	形	形	形	形							
	형상 **형**	彡부 총7획 **형성문자**	一 二 チ 开 形 形 形								
861 4급 형	刑	刑	刑	刑							
	형벌 **형**	刂=刀부 총6획									
862 5급 혜	惠	惠	惠	惠							
	은혜 **혜**	心부 총12획 **회의문자**	一 厂 闩 闩 甴 車 虫 車 叀 惠 惠 惠								
863 5급 호	好	好	好	好							
	좋을 **호**	女부 총6획 **회의문자**	乚 夊 女 女' 奷 好								
864 5급 호	號	號	號	號							
	이름 **호**	虍부 총13획 **회의문자**	丶 口 口 旦 号 号' 虸 虓 虓 號 號 號								
865 5급 호	湖	湖	湖	湖							
	호수 **호**	氵=水부 총12획 **형성문자**	丶 丷 氵 汁 汁 沽 沽 沽 湖 湖 湖 湖								
866 4급 호	乎	乎	乎	乎							
	어조사 **호**	丿부 총5획									
867 5급 호	虎	虎	虎	虎							
	범 **호**	虍부 총8획 **상형문자**	丶 卜 上 广 庐 虍 虎 虎								
868 4급 호	戶	戶	戶	戶							
	집 **호**	戶부 총4획									
869 4급 호	呼	呼	呼	呼							
	부를 **호**	口부 총8획									
870 4급 혹	或	或	或	或							
	혹 **혹**	戈부 총8획									

871	5급	婚	婚	婚	婚	
	혼	혼인할 **혼**	女부 총11획 형성문자			ㄑ ㄑ 女 女 女 女 妒 妒 婚 婚 婚
872	4급	混	混	混	混	
	혼	섞을 **혼**	氵=水부 총11획			
873	4급	紅	紅	紅	紅	
	홍	붉을 **홍**	糸부 총9획			
874	5급	火	火	火	火	
	화	불 **화**	火부 총4획 상형문자			、 ᾿ ᾿ ᾿ 少 火
875	5급	化	化	化	化	
	화	될 **화**	匕부 총4획 회의문자			ノ 亻 亻 化
876	5급	花	花	花	花	
	화	꽃 **화**	++=艸부 총8획 형성문자			、 丷 扌 扌 扩 扩 花 花
877	5급	和	和	和	和	
	화	화할 **화**	口부 총8획 형성문자			一 二 千 禾 禾 和 和 和
878	5급	話	話	話	話	
	화	말씀 **화**	言부 총13획 회의문자			、 一 亠 亖 言 言 言 訂 訐 訐 話 話
879	5급	貨	貨	貨	貨	
	화	재물 **화**	貝부 총11획 형성문자			ノ 亻 亻 化 化 作 作 貨 貨 貨 貨
880	5급	畫	畫	畫	畫	
	화	그림 **화**/그을 **획**	田부 총13획 회의문자			一 一 ヨ ㆆ 事 聿 書 書 書 書 書 畫 畫
881	4급	華	華	華	華	
	화	빛날 **화**	++=艸부 총12획			
882	5급	患	患	患	患	
	환	근심 **환**	心부 총11획 형성문자			、 ᾿ ロ ロ 吕 吕 串 串 患 患 患
883	4급	歡	歡	歡	歡	
	환	기쁠 **환**	欠부 총22획			
884	5급	活	活	活	活	
	활	살 **활**	氵=水부 총9획 형성문자			、 丷 氵 氵 汗 汗 汗 活 活
885	5급	黃	黃	黃	黃	
	황	누를 **황**	黃부 총12획 상형문자			一 ナ ナ 芢 芢 苷 苷 苗 苗 黃 黃

886 5급 황	皇	皇	皇	皇						
	임금 **황**	白부 총9획 상형문자	ノ ｆ ｎ ｒ 白 白 皁 皁 皇							

887 5급 회	回	回	回	回						
	돌아올 **회**	口부 총6획 상형문자	丨 冂 冂 回 回 回							

888 5급 회	會	會	會	會						
	모일 **회**	曰부 총13획 회의문자	ノ 人 へ へ 合 合 合 合 合 會 會 會							

889 5급 효	孝	孝	孝	孝						
	효도 **효**	子부 총7획 회의문자	一 十 土 耂 孝 孝 孝							

890 5급 효	效	效	效	效						
	본받을 **효**	攵=攴부 총10획 형성문자	丶 亠 亠 六 方 交 交 效 效 效							

891 5급 후	後	後	後	後						
	뒤 **후**	彳부 총9획 회의문자	ノ ク 彳 彳 위 위 위 後 後							

892 4급 후	厚	厚	厚	厚						
	두터울 **후**	厂부 총9획								

893 5급 훈	訓	訓	訓	訓						
	가르칠 **훈**	言부 총10획 형성문자	丶 亠 三 言 言 言 言 訓 訓 訓							

894 5급 휴	休	休	休	休						
	쉴 **휴**	亻=人부 총6획 회의문자	ノ 亻 亻 什 休 休							

895 5급 흉	凶	凶	凶	凶						
	흉할 **흉**	凵부 총4획 지사문자	ノ メ 凶 凶							

896 4급 흉	胸	胸	胸	胸						
	가슴 **흉**	月=肉부 총10획								

897 4급 흑	黑	黑	黑	黑						
	검을 **흑**	黑부 총12획								

898 5급 흥	興	興	興	興						
	일 **흥**	臼부 총16획 회의문자	丶 ｆ ｆ ｆ 日 月 月 月 月 月 舸 舸 與 與 與 興 興							

899 4급 희	喜	喜	喜	喜						
	기쁠 **희**	口부 총12획								

900 5급 희	希	希	希	希						
	바랄 **희**	巾부 총7획 회의문자	ノ メ 父 乑 乑 希 希							

연습문제 10

01-03 다음 한자(漢字)의 부수(部首)는 무엇입니까?

01 韓 : ①卓 ②十 ③韋 ④日 ⑤口

02 和 : ①口 ②禾 ③十 ④一 ⑤和

03 黃 : ①田 ②八 ③十 ④艹 ⑤黃

04-06 다음 한자(漢字)의 획수(劃數)는 모두 몇 획입니까?

04 協 : ①7 ②8 ③9 ④10 ⑤11

05 患 : ①10 ②11 ③12 ④13 ⑤14

06 會 : ①11 ②12 ③13 ④14 ⑤15

07-08 다음 필순(筆順)에 대한 설명에 가장 알맞은 한자(漢字)는 어느 것입니까?

07 왼쪽에서 오른쪽으로 쓴다.

①行 ②寒 ③害 ④幸 ⑤向

08 위에서 아래로 쓴다.

①和 ②湖 ③回 ④恒 ⑤喜

09-18 다음 한자(漢字)의 음(音)은 무엇입니까?

09 血 : ①혈 ②합 ③해 ④혜 ⑤피

10 韓 : ①향 ②형 ③호 ④현 ⑤한

11 幸 : ①해 ②호 ③형 ④행 ⑤횡

12 解 : ①해 ②학 ③한 ④혈 ⑤폐

13 號 : ①합 ②현 ③호 ④행 ⑤후

14 畫 : ①후 ②희 ③호 ④횡 ⑤화

15 活 : ①활 ②황 ③확 ④환 ⑤패

16 患 : ①효 ②환 ③하 ④흑 ⑤항

17 片 : ①판 ②편 ③파 ④폐 ⑤풍

18 閑 : ①폐 ②민 ③한 ④개 ⑤계

19-23 다음의 음(音)을 가진 한자(漢字)는 어느 것입니까?

19 형 : ①虛 ②向 ③現 ④貝 ⑤形

20 향 : ①下 ②合 ③惠 ④鄕 ⑤表

21 화 : ①好 ②湖 ③休 ④貨 ⑤賀

22 희 : ①火 ②黑 ③希 ④回 ⑤行

23 폭 : ①閉 ②何 ③恨 ④戶 ⑤暴

24-33 다음 한자(漢字)의 뜻은 무엇입니까?

24 向 : ① 남쪽　　② 밀다　　③ 바라다
　　　 ④ 향하다　　⑤ 기쁘다

25 學 : ① 좁다　　② 붇다　　③ 배우다
　　　 ④ 부르다　　⑤ 가르치다

26 漢 : ① 한수　　② 황하　　③ 금강
　　　 ④ 한강　　⑤ 한자

27 限 : ① 내용　　② 지나다　　③ 돌리다
　　　 ④ 향하다　　⑤ 한하다

28 解 : ① 뿔　　② 풀다　　③ 나누다
　　　 ④ 헤치다　　⑤ 나타나다

29 化 : ① 꽃　　② 불　　③ 재물
　　　 ④ 되다　　⑤ 화하다

30 婚 : ① 저물다　　② 혼미하다　　③ 혼인하다
　　　 ④ 간사하다　　⑤ 나타나다

31 患 : ① 슬픔　　② 충성　　③ 기쁨
　　　 ④ 놀람　　⑤ 근심

32 許 : ① 비다　　② 던지다　　③ 허락하다
　　　 ④ 깨뜨리다　　⑤ 화합하다

33 刑 : ① 형벌　　② 근면　　③ 형세
　　　 ④ 고향　　⑤ 형상

34-38 다음의 뜻을 가진 한자(漢字)는 어느 것입니까?

34 모양 　: ① 韓　② 海　③ 血　④ 形　⑤ 平

35 이름 　: ① 夏　② 害　③ 號　④ 賢　⑤ 便

36 살다 　: ① 布　② 火　③ 希　④ 花　⑤ 活

37 본받다 : ① 回　② 好　③ 效　④ 訓　⑤ 品

38 섞다 　: ① 脫　② 呼　③ 混　④ 婚　⑤ 協

39-48 다음 한자어(漢字語)의 음(音)은 무엇입니까?

39 解說 : ① 해설　② 논설　③ 해명　④ 설명　⑤ 사설

40 公害 : ① 공공　② 공해　③ 해충　④ 공익　⑤ 공명

41 香料 : ① 음료　② 재료　③ 향수　④ 향료　⑤ 향기

42 形式 : ① 행성　② 법식　③ 형식　④ 준칙　⑤ 의식

43 記號 : ① 기자　② 기사　③ 암호　④ 기호　⑤ 기후

44 宿患 : ① 숙제　② 환난　③ 병환　④ 숙환　⑤ 환충

45 回想 : ① 회중　② 회답　③ 상상　④ 사상　⑤ 회상

46 無效 : ① 효과　② 무효　③ 유효　④ 효능　⑤ 무교

47 厚德 : ① 도덕　② 변덕　③ 후회　④ 후덕　⑤ 후사

48 歡迎 : ① 환자　② 환영　③ 황제　④ 화려　⑤ 화영

49-50 다음 단어들의 '□'에 공통으로 들어갈 알맞은 한자(漢字)는 어느 것입니까?

49 □心, □同, □助 :
　　　① 協　　② 惠　　③ 行　　④ 學　　⑤ 和

50 □無, □事, 空□ :
　　　① 凶　　② 布　　③ 後　　④ 虛　　⑤ 孝

memo

CHAPTER 03

기타 출제 유형별 정리

앞에서 익힌 한자들을 이용하여

출제 유형에 맞게

반대자, 반의어 · 상대어, 동음이의어,

사자성어로 나누어 정리하였다.

앞에서와는 다른 각도로 한자들을 들여다보며

반복 학습해보자.

반대 한자도 출제 유형에 포함된다. 그리고 비중이 큰 반의어·상대어를 익히는데도 도움이 되므로 잘 익혀두자.

假(거짓 가) ◀▶ 眞(참 진)

加(더할 가) 減(덜 감)
益(더할 익) ◀▶ 省(덜 생)
增(더할 증) 除(덜 제)

可(옳을 가) ◀▶ 否(아닐 부)

甘(달 감) ◀▶ 苦(쓸 고)
樂(즐길 락)

江(강 강) ◀▶ 山(메 산)

降(내릴 강) ◀▶ 登(오를 등)

康(편안 강) ◀▶ 危(위태할 위)
安(편안 안)

强(강할 강) ◀▶ 弱(약할 약)

開(열 개) ◀▶ 閉(닫을 폐)

皆(다 개) ◀▶ 個(낱 개)

客(손 객) ◀▶ 主(주인 주)

巨(클 거)
大(큰 대)
偉(클 위) ◀▶ 小(작을 소)
泰(클 태)
太(클 태)

乾(하늘 건) ◀▶ 坤(땅 곤)

天(하늘 천) ◀▶ 地(땅 지)

結(맺을 결) ◀▶ 解(풀 해)

京(서울 경) ◀▶ 鄕(시골 향)

輕(가벼울 경) ◀▶ 重(무거울 중)

競(다툴 경) ◀▶ 和(화할 화)
協(화합할 협)

古(예 고)
舊(예 구) ◀▶ 今(이제 금)
昔(옛 석) 新(새 신)

高(높을 고)
崇(높을 숭) ◀▶ 低(낮을 저)
尊(높을 존)

曲(굽을 곡) ◀▶ 貞(곧을 정)
直(곧을 직)

空(빌 공) ◀▶ 滿(찰 만)
虛(빌 허)

公(공평할 공) ◀▶ 私(사사 사)

少(적을 소) ◀▶ 多(많을 다)

執(잡을 집) ◀▶ 放(놓을 방)

徒(무리 도)
等(무리 등) ◀▶ 獨(홀로 독)
衆(무리 중)

君(임금 군) ◀▶ 臣(신하 신)

困(곤할 곤) ◀▶ 富(부자 부)
貧(가난할 빈)

勝(이길 승) ◀▶ 敗(패할 패)

近(가까울 근) ◀▶ 遠(멀 원)

給(줄 급)
授(줄 수) ◀▶ 受(받을 수)
與(줄 여)

起(일어날 기) ◀▶ 伏(엎드릴 복)

吉(길할 길) ◀▶ 凶(흉할 흉)

暖(따뜻할 난) 冷(찰 랭)
溫(따뜻할 온) ◀▶ 寒(찰 한)

難(어려울 난) ◀▶ 易(쉬울 이)

男(사내 남) ◀▶ 女(계집 녀)

內(안 내) ◀▶ 外(바깥 외)

朝(아침 조) ◀▶ 夕(저녁 석)

短(짧을 단) ◀▶ 長(긴 장)

絶(끊을 절) ◀▶ 連(이을 련)
續(이을 속)
承(이을 승)
接(이을 접)

答(대답 답) ◀▶ 問(물을 문)

冬(겨울 동) ◀▶ 夏(여름 하)

同(한가지 동) ◀▶ 異(다를 이)

東(동녘 동) ◀▶ 西(서녘 서)

明(밝을 명) 冥(어두울 명)
洞(밝을 통) ◀▶ 暗(어두울 암)
昏(어두울 혼)

動(움직일 동) ◀▶ 靜(고요할 정)

頭(머리 두) ◀▶ 尾(꼬리 미)
首(머리 수)

得(얻을 득) ◀▶ 失(잃을 실)

去(갈 거) ◀▶ 來(올 래)
往(갈 왕)

老(늙을 로) ◀▶ 少(적을 소)

勞(일할 로) ◀▶ 使(하여금 사)

末(끝 말) 始(비로소 시)
終(마칠 종) ◀▶ 初(처음 초)

陸(뭍 륙) ◀▶ 海(바다 해)

利(이로울 리) ◀▶ 害(해할 해)

莫(없을 막) ◀▶ 在(있을 재)
存(있을 존)

104

民(백성 민)	◀▶	官(벼슬 관)
無(없을 무)	◀▶	有(있을 유)
散(흩을 산)	◀▶	集(모을 집) 會(모일 회)
忙(바쁠 망)	◀▶	閑(한가할 한)
亡(없을 망)	◀▶	盛(성할 성) 興(일 흥)
賣(팔 매)	◀▶	買(살 매)
消(사라질 소)	◀▶	著(나타날 저) 現(나타날 현)
鳴(울 명) 泣(울 읍)	◀▶	笑(웃음 소)
母(어미 모)	◀▶	父(아비 부)
伐(칠 벌) 打(칠 타)	◀▶	防(막을 방) 保(지킬 보) 守(지킬 수)
分(나눌 분)	◀▶	合(합할 합)
白(흰 백) 素(횔 소)	◀▶	黑(검을 흑)
別(다를 별) 異(다를 이)	◀▶	若(같을 약) 如(같을 여)
兵(병사 병)	◀▶	將(장수 장)

夫(지아비 부)	◀▶	婦(지어미 부) 妻(아내 처)
北(북녘 북)	◀▶	南(남녘 남)
悲(슬플 비) 哀(슬플 애)	◀▶	悅(기쁠 열) 歡(기쁠 환) 喜(기쁠 희)
客(손 객)	◀▶	主(주인 주)
死(죽을 사) 殺(죽일 살)	◀▶	生(날 생) 活(살 활)
上(윗 상)	◀▶	下(아래 하)
暑(더울 서) 熱(더울 열)	◀▶	冷(찰 랭) 涼(서늘할 량) 寒(찰 한)
先(먼저 선)	◀▶	後(뒤 후)
善(착할 선)	◀▶	惡(악할 악)
成(이룰 성)	◀▶	敗(패할 패)
水(물 수)	◀▶	火(불 화)
手(손 수)	◀▶	足(발 족)
順(순할 순)	◀▶	逆(거스를 역)
身(몸 신) 體(몸 체)	◀▶	心(마음 심)

我(나 아) 余(나 여) 吾(나 오)	◀▶	汝(너 여)
惡(미워할 오)	◀▶	愛(사랑 애) 慈(사랑 자) 好(좋을 호)
午(낮 오) 晝(낮 주)	◀▶	夜(밤 야)
雨(비 우)	◀▶	晴(갤 청)
陰(그늘 음)	◀▶	陽(볕 양)
引(끌 인)	◀▶	推(밀 추)
因(인할 인)	◀▶	果(열매 과)
入(들 입)	◀▶	出(날 출)
自(스스로 자)	◀▶	他(다를 타)
前(앞 전)	◀▶	後(뒤 후)
左(왼 좌)	◀▶	右(오른쪽 우)
朝(아침 조)	◀▶	夕(저녁 석)
進(나아갈 진)	◀▶	退(물러날 퇴)
投(던질 투)	◀▶	打(칠 타)
兄(형 형)	◀▶	弟(아우 제)

반의어·상대어는 출제 비중이 높은 부분이다. 일상에 많이 사용되는 한자어들로 정리하였으므로 집중적으로 공부해야 한다.

可決(가결) ◀▶ 否決(부결)	光明(광명) ◀▶ 暗黑(암흑)	否認(부인) ◀▶ 是認(시인)
假名(가명) ◀▶ 實名(실명)	求心(구심) ◀▶ 遠心(원심)	分散(분산) ◀▶ 集中(집중)
加入(가입) ◀▶ 脫退(탈퇴)	君子(군자) ◀▶ 小人(소인)	不運(불운) ◀▶ 幸運(행운)
加重(가중) ◀▶ 輕減(경감)	君主(군주) ◀▶ 臣下(신하)	非番(비번) ◀▶ 當番(당번)
減産(감산) ◀▶ 增産(증산)	卷頭(권두) ◀▶ 卷末(권말)	非凡(비범) ◀▶ 平凡(평범)
減少(감소) ◀▶ 增加(증가)	權利(권리) ◀▶ 義務(의무)	悲哀(비애) ◀▶ 歡喜(환희)
感情(감정) ◀▶ 理性(이성)	近視(근시) ◀▶ 遠視(원시)	不法化(불법화) ◀▶ 合法化(합법화)
强大(강대) ◀▶ 弱小(약소)	急增(급증) ◀▶ 急減(급감)	私的(사적) ◀▶ 公的(공적)
强勢(강세) ◀▶ 弱勢(약세)	旣決(기결) ◀▶ 未決(미결)	死後(사후) ◀▶ 生前(생전)
個別(개별) ◀▶ 全體(전체)	吉兆(길조) ◀▶ 凶兆(흉조)	先天(선천) ◀▶ 後天(후천)
開會(개회) ◀▶ 閉會(폐회)	樂觀(낙관) ◀▶ 悲觀(비관)	生食(생식) ◀▶ 火食(화식)
客觀(객관) ◀▶ 主觀(주관)	落第(낙제) ◀▶ 及第(급제)	善用(선용) ◀▶ 惡用(악용)
客體(객체) ◀▶ 主體(주체)	暖流(난류) ◀▶ 寒流(한류)	成功(성공) ◀▶ 失敗(실패)
巨富(거부) ◀▶ 極貧(극빈)	內容(내용) ◀▶ 形式(형식)	收入(수입) ◀▶ 支出(지출)
輕視(경시) ◀▶ 重視(중시)	多元(다원) ◀▶ 一元(일원)	順行(순행) ◀▶ 逆行(역행)
高價(고가) ◀▶ 低價(저가)	短篇(단편) ◀▶ 長篇(장편)	勝利(승리) ◀▶ 敗北(패배)
高空(고공) ◀▶ 低空(저공)	對話(대화) ◀▶ 獨白(독백)	相對的(상대적) ◀▶ 絶對的(절대적)
高利(고리) ◀▶ 低利(저리)	得勢(득세) ◀▶ 失勢(실세)	暗示(암시) ◀▶ 明示(명시)
高速(고속) ◀▶ 低速(저속)	得意(득의) ◀▶ 失意(실의)	溫暖(온난) ◀▶ 寒冷(한랭)
故意(고의) ◀▶ 過失(과실)	登場(등장) ◀▶ 退場(퇴장)	完備(완비) ◀▶ 未備(미비) 不備(불비)
固定(고정) ◀▶ 流動(유동)	名目(명목) ◀▶ 實質(실질)	
高調(고조) ◀▶ 低調(저조)	無能(무능) ◀▶ 有能(유능)	往復(왕복) ◀▶ 片道(편도)
苦痛(고통) ◀▶ 平安(평안)	文明(문명) ◀▶ 原始(원시)	遠洋(원양) ◀▶ 近海(근해)
故鄕(고향) ◀▶ 他鄕(타향)	文語(문어) ◀▶ 口語(구어)	原因(원인) ◀▶ 結果(결과)
困難(곤란) 難解(난해) ◀▶ 容易(용이)	物質(물질) ◀▶ 精神(정신)	遺失(유실) ◀▶ 拾得(습득)
	密集(밀집) ◀▶ 散在(산재)	恩惠(은혜) ◀▶ 怨恨(원한)
空想(공상) ◀▶ 現實(현실)	別居(별거) ◀▶ 同居(동거)	陰地(음지) ◀▶ 陽地(양지)
過去(과거) ◀▶ 未來(미래)	保守(보수) ◀▶ 革新(혁신) 進步(진보)	理性(이성) ◀▶ 感性(감성) 感情(감정)

依支(의지)	◀▶	自立(자립)	敵對(적대)	◀▶	友好(우호)
異例(이례)	◀▶	通例(통례)	絕對(절대)	◀▶	相對(상대)
異性(이성)	◀▶	同性(동성)	絕望(절망)	◀▶	希望(희망)
異議(이의)	◀▶	同議(동의)	定說(정설)	◀▶	異說(이설)
引上(인상)	◀▶	引下(인하)	定着(정착)	◀▶	流浪(유랑)
人爲(인위)	◀▶	自然(자연)	造花(조화)	◀▶	生花(생화)
人造(인조)	◀▶	天然(천연)	中止(중지)	◀▶	續行(속행)
立體(입체)	◀▶	平面(평면)	增進(증진)	◀▶	減退(감퇴)
唯物論(유물론)	◀▶	唯心論(유심론)	進步(진보)	◀▶	退步(퇴보)
自動(자동)	◀▶	手動(수동) / 他動(타동)	進化(진화)	◀▶	退化(퇴화)
自意(자의)	◀▶	他意(타의)	質問(질문)	◀▶	對答(대답)
子正(자정)	◀▶	正午(정오)	集合(집합)	◀▶	解散(해산)
低俗(저속)	◀▶	高尙(고상)	最低(최저)	◀▶	最高(최고)
敵軍(적군)	◀▶	我軍(아군)	出勤(출근)	◀▶	退勤(퇴근)

平和(평화)	◀▶	戰爭(전쟁)
豊年(풍년)	◀▶	凶年(흉년)
豊作(풍작)	◀▶	凶作(흉작)
豊足(풍족)	◀▶	不足(부족)
合法(합법)	◀▶	不法(불법)
合成(합성)	◀▶	分解(분해)
向上(향상)	◀▶	低下(저하)
虛勢(허세)	◀▶	實勢(실세)
好感(호감)	◀▶	反感(반감)
好材(호재)	◀▶	惡材(악재)
歡待(환대)	◀▶	冷待(냉대)
歡迎(환영)	◀▶	歡送(환송)

한자어의 음은 같으나 뜻이 다른 한자어들이다. 이 부분도 비중이 아주 높다. 앞에서 배운 한자를 복습하며 공부해 보자.

| 가산 ▶ | 加算 보탬. 더하기 |
| | 家産 한 집안의 재산 |

| 가세 ▶ | 加勢 힘을 보탬. |
| | 家勢 집안 살림 살이의 형세 |

| 가옥 ▶ | 假屋 임시로 지은 허술한 집 |
| | 家屋 사람이 사는 집 |

| 가정 ▶ | 家庭 한 가족이 살림하고 있는 집 안 |
| | 假定 임시로 정함. |

| 각색 ▶ | 各色 갖가지 빛깔. 여러 가지 |
| | 脚色 소설·시 등을 각본으로 만듦. |

| 간지 ▶ | 干支 천간과 지지 |
| | 間紙 장정이 접어서 된 책의 종이가 얇아 힘이 없을 때, 접은 각 장 속에 넣어 받치는 종이 |

감상 ▶	感想 마음 속에 느끼어 일어나는 생각
	感傷 하찮은 사물에도 쉽게 슬픔을 느끼는 마음
	感賞 마음 속에 깊이 느끼어 칭찬함.

| 강하 ▶ | 降下 위에서 아래로 내림, 내려감. 높은 데서 낮은 데로 내려감, 내려옴. |
| | 江河 강과 큰 내 |

| 강화 ▶ | 講和 전쟁 상태에 있던 나라가 전투를 중지하고, 평화로운 상태로 돌아가는 일 |
| | 强化 모자라는 점을 보완하여 보다 더 튼튼하게 함, 또는 튼튼하여짐. |

| 개량 ▶ | 改良 고치어 좋게 함. |
| | 改量 토지를 다시 측량함. |

| 개명 ▶ | 改名 이름을 고침, 또는 그 고친 이름 |
| | 開明 사람의 지혜가 열리고 문화가 발달함. |

| 개정 ▶ | 改正 바르게 고침. |
| | 改定 다시 고치어 정함. |

| 결의 ▶ | 決意 뜻을 정하여 굳게 가짐, 또는 그 뜻 |
| | 結義 남남끼리 의리로써 형제·자매와 같은 관계를 맺음. |

| 경기 ▶ | 景氣 매매나 거래 따위에 나타난 경제 활동의 상황 |
| | 競技 기술의 낫고 못함을 서로 겨루는 일 |

| 경로 ▶ | 敬老 노인을 공경함. |
| | 經路 지나는 길 |

| 경시 ▶ | 輕視 대상을 얕잡아 봄. |
| | 競試 경쟁 시험의 줄임말 |

| 고가 ▶ | 古家 지은 지 퍽 오래된 집 |
| | 高價 값이 비쌈. 비싼 값 |

| 고대 ▶ | 古代 먼 옛날 |
| | 苦待 몹시 기다림. |

| 고소 ▶ | 高所 높은 곳 |
| | 苦笑 쓴 웃음 |

| 고수 ▶ | 固守 굳게 지킴. |
| | 高手 수가 높음, 또는 그 사람 |

| 고지 ▶ | 高地 평지보다 높은 땅 |
| | 告知 알림. |

| 공과 ▶ | 公課 국가나 지방자치단체에서 국민에게 부과하는 세금 |
| | 工科 공학에 관한 학과 |

| 공동 ▶ | 共同 두 사람 이상이 일을 같이 함. |
| | 空洞 텅빈 굴. 동굴 |

| 공론 ▶ | 公論 여럿이 의논함. |
| | 空論 헛된 논의를 함. |

공명 ▶	公明 사사로움이나 편벽됨이 없이 공정하고 명백함.
	功名 공을 세워 널리 알려진 이름
	共鳴 남의 사상이나 의견 따위에 동감함.

공사 ▶	公使 외교관의 하나
	公私 공적인 일과 사사로운 일
	工事 토목이나 건축 등에 관한 일

| 공약 ▶ | 公約 어떤 일에 대해 국민에게 하는 약속 |
| | 空約 헛된 약속 |

| 공용 ▶ | 公用 공공의 목적으로 사용함. |
| | 共用 공동으로 씀. |

공인 ▶	公人 국가, 사회에 영향을 끼치는 사람
	公認 국가나 사회 또는 공공 단체가 어떤 행위나 물건에 대해 인정함.
	公印 관공서나 어떤 단체에서 공적인 일에 쓰는 도장

| 공중 ▶ | 公衆 사회의 여러 사람 |
| | 空中 하늘과 땅 사이의 빈 곳 |

공해 ▶	空海	하늘처럼 끝없는 바다
	公海	어느 나라의 주권에도 속하지 않아 모든 나라가 공통으로 사용할 수 있는 바다
	公害	산업이나 교통의 발달에 따라 사람이나 생물이 입게 되는 여러 가지 피해

| 과거 ▶ | 科擧 | 벼슬아치를 뽑기 위하여 보이던 시험 |
| | 過去 | 지나간 때 |

| 과실 ▶ | 果實 | 열매. 과일 |
| | 過失 | 잘못이나 허물 |

| 과장 ▶ | 課長 | 관청, 회사 등의 한 과의 장 |
| | 科場 | 옛날 과거 시험을 치르던 곳 |

| 교정 ▶ | 校庭 | 학교의 마당, 또는 운동장 |
| | 校正 | 글자의 잘못된 것을 대조하여 바로 잡음. |

| 교훈 ▶ | 敎訓 | 사람으로서 나아갈 길을 그르치지 않도록 가르치고 깨우침, 또는 그 가르침 |
| | 校訓 | 그 학교의 교육 이념을 간명하게 표현한 말 |

| 구도 ▶ | 求道 | 종교적 깨달음이나 진리를 추구함. |
| | 舊都 | 옛 도읍 |

| 구명 ▶ | 救命 | 사람의 목숨을 구함. |
| | 究明 | 사리나 원인 따위를 깊이 연구하여 밝힘. |

| 구전 ▶ | 口傳 | 말로 전함, 혹은 말로 전해져 옴. |
| | 口錢 | 흥정을 붙여주고 보수로 받는 돈 |

| 국사 ▶ | 國事 | 나라의 중대한 일. 나라 전체에 관련되는 일 |
| | 國史 | 나라의 역사 |

| 군민 ▶ | 郡民 | 행정 구역의 하나인 군 안에 사는 사람 |
| | 軍民 | 군인과 민간인 |

| 군신 ▶ | 君臣 | 임금과 신하 |
| | 軍神 | 군인의 무운을 지켜준다는 신 |

| 귀중 ▶ | 貴中 | 편지나 물품을 받을 단체의 이름 다음에 쓰는 경어 |
| | 貴重 | 매우 소중함. |

단가 ▶	短歌	짧은 노래. 짧은 형식의 시가
	單價	각 단위마다의 값
	團歌	어떤 단체가 제정하여 부르는 노래

| 단신 ▶ | 單身 | 혼자의 몸 |
| | 短信 | 짤막한 보도 |

| 대가 ▶ | 大家 | 학문이나 기예 등 전문 분야에 조예가 깊은 사람 |
| | 代價 | 물건을 산 값으로 치르는 돈 |

대비 ▶	對比	서로 맞대어 비교함.
	對備	무엇에 대응하기 위하여 미리 준비하는 것
	大悲	부처의 큰 자비

대사 ▶	大事	큰 일
	大師	덕이 높은 선사에게 내려주는 이름
	大使	다른 나라에 파견되어 외교를 맡아보는 최고 직급 또는 그런 일을 하는 사람

| 대상 ▶ | 大商 | 큰 상인 |
| | 大賞 | 가장 큰 상 |

| 대서 ▶ | 大書 | 드러나게 크게 쓰는 것 |
| | 大暑 | 몹시 심한 더위 |

| 대신 ▶ | 代身 | 대리자 |
| | 大臣 | 군주 국가에서 장관을 이르는 말 |

| 대풍 ▶ | 大豊 | 곡식이 썩 잘된 풍작, 또는 그러한 일 |
| | 大風 | 큰 바람 |

독자 ▶	獨子	외아들
	獨自	저 혼자
	讀者	책, 신문 등 출판물을 읽는 사람

동기 ▶	同氣	형제, 자매의 총칭
	同期	같은 시기
	冬期	겨울철

| 동문 ▶ | 同門 | 같은 학교에서 배운 사람 |
| | 東門 | 동쪽에 있는 문 |

| 동산 ▶ | 動産 | 모양이나 성질을 변하지 않게 하여 옮길 수 있는 재물 |
| | 東山 | 동쪽에 있는 산 |

| 동정 ▶ | 動靜 | 행동, 상황 등이 변화되어 가는 상태 |
| | 同情 | 남의 불행, 슬픔 따위를 가슴 아파하고 위로함. |

| 동지 ▶ | 冬至 | 24절기의 하나. 연중 밤이 가장 긴 날 |
| | 同志 | 뜻을 같이 하는 일, 또는 그런 사람 |

동향 ▶	同鄕	같은 고향
	東向	동쪽을 향함.
	動向	정세, 행동 등이 움직이는 방향

동화 ▶	同化	서로 다른 것이 닮아서 같게 됨.
	同和	같이 화합함.
	童話	어린이를 상대로 하고 동심을 바탕으로 지은 이야기

| 명명 ▶ | 明明 | 매우 밝음. 분명하여 의심할 여지가 없음. |
| | 命名 | 이름을 지어 붙임. |

무사 ▶	武士	지난날 무도를 닦아서 전쟁이나 군대 등에 종사하던 사람
	無事	아무 일이 없음.
	無死	야구에서 아직 아웃된 사람이 한 사람도 없는 상황
무성 ▶	無性	암수 구별이 없음.
	無聲	소리가 없음.
	茂盛	초목이 많이 나서 우거짐.
무용 ▶	武勇	무예와 용맹
	無用	소용이 없음. 쓸모 없음.
미명 ▶	美名	그럴듯하게 내세운 이름
	未明	날이 채 밝기 전
미식 ▶	美食	맛있는 음식을 먹음.
	美式	미국의 형식
	米食	쌀밥을 주식으로 함.
반감 ▶	反感	반발하는 마음
	半減	절반으로 덜거나 줄어드는 것
발전 ▶	發電	전기를 일으킴.
	發展	세력 따위가 성하게 뻗어나감.
방면 ▶	放免	육체적 · 정신적으로 얽매인 상태에 있던 것을 풀어 줌.
	方面	어떤 장소나 지역이 있는 방향
방문 ▶	訪問	남을 찾아봄.
	房門	방으로 드나드는 문
방한 ▶	防寒	추위를 막음.
	訪韓	한국을 방문함.
병력 ▶	兵力	병사 · 병기 등의 총체로서의 군대의 힘
	病歷	이제까지 걸렸던 병의 경력
병사 ▶	病死	병에 걸려 죽음.
	兵士	군사
보도 ▶	步道	사람이 다니는 길
	報道	새로운 소식을 널리 알림.
보안 ▶	保安	안전을 유지함.
	保眼	눈을 보호함.
본성 ▶	本姓	본디의 성
	本性	본디의 성질. 타고난 성질
부양 ▶	扶養	생활 능력이 없는 사람의 생활을 돌봄.
	浮揚	가라앉은 것이 떠오름.
부인 ▶	否認	옳다고 인정하지 않음.
	夫人	남의 아내의 높임말
	婦人	결혼한 여자
부자 ▶	富者	살림이 넉넉한 사람
	父子	아버지와 아들

부정 ▶	不正	바르지 않음.
	不定	일정하지 않음.
	不貞	정조를 지키지 않음.
	不淨	깨끗하지 못함.
	父情	자식에 대한 아버지로서의 정
	否定	그렇지 않다고 함.
비명 ▶	非命	재해나 사고 따위로 죽는 일
	悲鳴	몹시 놀라거나 다급할 때 지르는 소리
비보 ▶	飛報	급한 통지. 급보
	悲報	슬픈 소식
비행 ▶	非行	도리나 도덕 또는 법규에 어긋나는 행위
	飛行	항공기 따위가 하늘을 날아다님.
사고 ▶	事故	뜻밖에 일어난 사건이나 탈
	思考	생각하고 궁리함.
사기 ▶	士氣	의욕이나 자신감 등으로 가득차서 굽힐 줄 모르는 의기
	史記	역사적 사실을 적은 책
사료 ▶	史料	역사 기술의 소재가 되는 문헌이나 유물 따위 자료
	思料	생각하여 헤아림.
사상 ▶	史上	역사상
	死傷	죽거나 다침.
	思想	사고 작용의 결과로 얻은 체계적 의식 내용
사수 ▶	射手	총포나 활 따위를 쏘는 사람
	死守	목숨을 걸고 지킴.
사신 ▶	四神	천지의 사방을 다스린다는 신
	使臣	임금이나 국가의 명령으로 외국에 심부름을 가는 신하
사유 ▶	私有	개인의 소유
	事由	일의 까닭
사은 ▶	師恩	스승의 은혜
	謝恩	은혜를 감사히 여겨 사례함.
사인 ▶	死人	죽은 사람
	死因	사망의 원인
	私人	사적 자격으로서의 개인
사정 ▶	私情	개인의 사사로운 정
	事情	일의 형편이나 까닭
사제 ▶	私製	개인이 만듦.
	師弟	스승과 제자
사지 ▶	死地	죽을 지경의 매우 위험한 곳
	私地	개인 소유의 땅

| 사후 ▶ | 事後 일이 끝난 뒤 |
| | 死後 죽은 뒤 |

| 산수 ▶ | 山水 경치 |
| | 算數 수를 계산함. 기초적인 셈법 |

| 산출 ▶ | 算出 계산해 냄. |
| | 産出 물건이 생산되어 나오거나 물건을 생산해 냄. |

| 상가 ▶ | 喪家 초상난 집 |
| | 商街 상점이 많이 늘어서 있는 거리 |

상도 ▶	常度 정상적인 법도
	常道 항상 지켜야 할 도리
	商道 상도덕

| 선두 ▶ | 先頭 첫머리 |
| | 船頭 배의 앞머리 |

| 성명 ▶ | 姓名 성과 이름 |
| | 聲明 일정한 사항에 관한 견해나 태도를 여러 사람에게 공개하여 발표하는 일 |

| 성인 ▶ | 成人 자라서 어른이 됨. |
| | 聖人 지혜와 덕이 뛰어나 우러러 본받을 만한 사람 |

| 성전 ▶ | 聖典 신앙의 최고 법전이 되는 책 |
| | 聖戰 신성한 전쟁 |

| 세수 ▶ | 稅收 조세로 얻는 수입 |
| | 洗手 얼굴을 씻음. |

| 세입 ▶ | 歲入 한 회계연도 안의 총수입 |
| | 稅入 조세의 수입 |

| 소재 ▶ | 素材 어떤 것을 만드는데 바탕이 되는 자료 |
| | 所在 어떤 곳에 있음. |

| 소화 ▶ | 消火 붙은 불을 끔. |
| | 消化 먹은 음식물을 소화시킴. |

| 속행 ▶ | 速行 빨리 감. |
| | 續行 계속하여 행함. |

수도 ▶	修道 도를 닦음.
	水道 상수도의 준말. 상수도와 하수도를 두루 일컫는 말
	首都 한 나라의 중앙 정부가 있는 도시

수리 ▶	數理 수학의 이론이나 이치
	修理 고장나거나 허름한 데를 손보아 고침.
	受理 서류를 받아서 처리함.

수상 ▶	授賞 상을 줌.
	首相 내각의 우두머리
	水上 물 위
	受賞 상을 받음.

| 수석 ▶ | 首席 맨 윗자리 |
| | 水石 물과 돌. 물과 돌로 이루어진 경치 |

| 수세 ▶ | 守勢 적을 맞아 지키는 태세, 또는 힘이 부쳐서 밀리는 형세 |
| | 水洗 물로 씻음. |

| 수습 ▶ | 收拾 흩어진 물건을 주워 거둠. |
| | 修習 학업이나 실무 따위를 배워 익힘. |

수신 ▶	水神 물을 다스리는 신
	受信 우편, 전보 등의 통신을 받음.
	修身 마음과 행실을 닦아 수양함.
	守身 자기의 본분을 지켜 불의에 빠지지 않도록 함.

| 수양 ▶ | 收養 남의 자식을 맡아 기름. |
| | 修養 몸과 마음을 단련하여 품성, 지혜, 도덕을 닦음. |

수업 ▶	修業 학업이나 기예를 닦음.
	授業 학교 같은 데서 학업이나 기술을 가르쳐 줌.
	受業 학업이나 기술의 가르침을 받음.

| 수학 ▶ | 數學 수량 및 도형의 성질이나 관계를 연구하는 학문 |
| | 修學 학업을 닦음. |

| 숙원 ▶ | 宿怨 오래 묵은 원한 |
| | 宿願 오랫동안 품어온 바램이나 소원 |

| 순종 ▶ | 順從 순순히 복종함. |
| | 純種 딴 계통과 섞이지 않은 순수한 종 |

| 습득 ▶ | 拾得 주워서 얻음. |
| | 習得 배워서 자기 것으로 함. |

시가 ▶	市價 상품이 시장에서 팔리는 값
	詩歌 시
	市街 도시의 큰 거리, 또는 번화한 거리
	時價 가격이 바뀌는 상품을 거래할 때의 가격

| 시계 ▶ | 時計 시간을 재거나 시각을 나타내는 장치나 기계 |
| | 視界 시야 |

| 시공 ▶ | 施工 공사를 시행함. |
| | 時空 시간과 공간 |

| 시급 ▶ | 時急 시간적으로 매우 급함. |
| | 時給 시간급의 준말. 일의 양에 따르지 않고 임금을 시간당 얼마씩으로 정하여 일한 시간에 따라 계산해 주는 일 |

| 시상 ▶ | 施賞 상장이나 상품, 상금 따위를 줌. |
| | 詩想 시의 구상 |

시인 ▶	**是認** 옳다고, 또는 그러하다고 인정함 **詩人** 시를 짓는 사람
시장 ▶	**市場** 여러 가지 상품을 사고파는 장소 **市長** 시를 대표하고 시의 행정을 관장하는 직, 또는 그 직에 있는 사람
식수 ▶	**植樹** 나무를 심음. **食水** 식용으로 쓰는 물
신고 ▶	**新古** 새것과 헌것 **申告** 국민이 행정 관청에 일정한 사실을 진술, 보고하는 일 **辛苦** 어려운 일을 당하여 몹시 애씀.
신선 ▶	**神仙** 선도를 닦아 신통력을 얻은 사람 **新鮮** 새롭고 산뜻함. 채소나 생선 따위가 싱싱함.
실례 ▶	**失禮** 언행이 예의에 어긋남. **實例** 실제의 예
실명 ▶	**失明** 눈이 어두워짐. 시력을 잃음. **實名** 실제의 이름
실수 ▶	**失手** 부주의로 잘못을 저지름. **實數** 실제의 수효. 유리수와 무리수의 총칭
실정 ▶	**失政** 정치를 잘못함. **實情** 실제의 사정
심산 ▶	**心算** 속셈 **深山** 깊은 산
양식 ▶	**洋式** 서양식 **洋食** 서양 요리 **良識** 건전한 식견
양자 ▶	**養子** 입양으로 아들이 된 사람 **兩者** 두 사람, 또는 두 사물
역설 ▶	**力說** 힘써 말함. **逆說** 일반적으로 진리라고 인정되는 것에 반하 는 설
우수 ▶	**憂愁** 근심과 걱정 **雨水** 빗물. 24절기의 하나
유명 ▶	**遺命** 임금이나 부모 등이 임종할 때 내리는 분부 **有名** 이름이 있음. 이름이 알려져 있음.
유언 ▶	**流言** 근거없이 떠도는 말 **遺言** 죽음에 이르러 남기는 말
유전 ▶	**油田** 석유가 나는 곳 **遺傳** 물려받아 내려옴. 또는 그렇게 전해짐.
유지 ▶	**有志** 마을이나 지역에서 명망있고 영향력을 가 진 사람 **遺志** 죽은 사람의 생전의 뜻

육성 ▶	**肉聲** 사람의 입에서 직접 나오는 소리 **育成** 길러 냄.
의사 ▶	**醫師** 의술과 약으로 병을 고치는 직업에 종사 하는 사람 **義士** 의리와 지조를 굳게 지키는 사람. 나라와 민족을 위해 의로운 행동으로 목숨을 바 친 사람 **意思** 무엇을 하려고 하는 생각이나 마음
의식 ▶	**衣食** 의복과 음식 **意識** 각성하여 정신이 든 상태에서 사물을 깨 닫는 일체의 작용
이성 ▶	**異性** 남성과 여성 **異姓** 다른 성 (김, 이, 박...) **理性** 사물의 이치를 생각하는 능력
이해 ▶	**利害** 이익과 손해 **理解** 사리를 분별하여 앎. 말이나 글의 뜻을 깨 쳐 앎.
인도 ▶	**印度** 인디아의 한자 표기 **人道** 인간으로서 마땅히 지켜야 할 도리, 사람이 다니는 도로
인상 ▶	**人相** 사람의 얼굴 생김새 **引上** 끌어 올림. 값을 올림.
인정 ▶	**仁政** 어진 정치 **人情** 사람이 본디 지니고 있는 온갖 감정 **認定** 옳다고 믿고 정함.
인지 ▶	**印紙** 세입금 징수의 한 수단으로서 정부가 발 행하는 증표 **認知** 어떤 사실을 분명히 인정하여 앎.
일일 ▶	**一日** 하루 **日日** 매일
입신 ▶	**入神** 신의 경지에 이른다는 뜻으로 지혜나 기 술이 신묘한 지경에 이름. **立身** 사회적으로 인정을 받고 높이 됨. 사회적 으로 기반을 닦고 출세함.
자신 ▶	**自信** 자기의 값어치나 능력을 믿음, 또는 그런 마음 **自身** 제 몸
장관 ▶	**壯觀** 훌륭한 광경 **長官** 국무를 맡아보는 행정 각부의 장
저속 ▶	**低俗** 성질, 취미 등이 낮고 속됨. **低速** 느린 속도
전경 ▶	**全景** 전체의 경치 **前景** 눈 앞에 보이는 경치
전기 ▶	**前期** 한 기간을 몇 개로 나눈 첫 시기 **傳記** 어떤 인물의 생애와 활동을 적은 기록 **電氣** 전자의 이동으로 생기는 에너지의 한 형태

전력 ▶	全力 가지고 있는 모든 힘 電力 전기의 힘 前歷 과거의 경력 戰力 전투나 경기 따위를 할 수 있는 능력		지대 ▶	至大 더없이 큼. 地代 남의 토지를 이용하는 사람이 지주에게 무는 세
전사 ▶	戰死 전쟁터에서 싸우다가 죽음. 戰士 싸우는 사람 戰史 전쟁의 사적을 기록한 역사		지사 ▶	志士 크고 높은 뜻을 가진 사람 指事 사물을 가리켜 보임. 知事 도지사의 줄임말
전승 ▶	全勝 한 번도 지지 않고 모조리 이김. 傳承 계통을 전하여 계승함. 戰勝 싸움에 이김.		지성 ▶	知性 사물을 알고 생각하고 판단하는 능력 至誠 정성이 지극함.
전시 ▶	展示 물품을 늘어놓아 보임. 戰時 전쟁이 벌어진 때		직선 ▶	直線 곧은 줄 直選 직접 선거
절세 ▶	絶世 세상에 비길 데가 없을 만큼 뛰어남. 節稅 적법하게 세금을 되도록 덜 내는 일		청산 ▶	靑山 풀, 나무가 무성한 푸른 산 淸算 상호간에 채권, 채무 관계를 셈하여 깨끗 이 정리함.
정도 ▶	精度 정밀도의 줄임말 正道 올바른 길. 바른 도리		초대 ▶	招待 손님을 불러서 대접함. 初代 어떤 계통의 첫 번째 사람
정사 ▶	正史 정확한 사실을 바탕으로 한 역사 政事 정치에 관한 일 情史 남녀의 애정에 관한 기록. 연애를 다룬 소설 情事 남녀 간의 사랑에 관한 일		최고 ▶	最古 가장 오래됨. 最高 가장 높음.
정세 ▶	政勢 정치상의 형세 情勢 일이 되어가는 사정과 형세		축전 ▶	祝電 축하의 전보 祝典 축하하는 의식이나 행사
정식 ▶	定式 일정한 방식 正式 규정대로의 바른 방식 定食 식당이나 음식점 따위에서 일정한 식단에 따라 차리는 음식		타자 ▶	打字 타자기로 종이 위에 글자를 찍음. 打者 야구에서 상대편 투수의 공을 치는 공격 진의 선수
정전 ▶	停電 전기가 한 때 끊어짐. 停戰 전쟁 중인 두 편이 한 때 전투 행위를 중 지함.		통화 ▶	通貨 한 나라에서 통용되는 화폐의 총칭 通話 말을 서로 주고받음.
조선 ▶	造船 선박을 건조함. 朝鮮 우리나라의 옛 이름		표결 ▶	表決 의안에 대하여 가부의 의사를 표시하여 결정함. 票決 투표로서 결정함.
조어 ▶	助語 문장에 어구를 보태어 넣는 것 造語 새로 말을 만드는 것		풍속 ▶	風俗 예로부터 그 사회에 전해오는 생활에 관 한 습관 風速 바람이 부는 속도
조화 ▶	造花 인공으로 만든 꽃 造化 천지자연의 이치 調和 서로 고르게 잘 어울림.		해산 ▶	解産 아이를 낳음. 解散 모인 사람이 흩어짐.
주의 ▶	主義 사상, 학설 또는 사물의 처리 방법 따위에 서 변하지 않는 일정한 이론이나 태도, 또 는 방침이나 주장 注意 마음에 새겨 조심함.		향수 ▶	香水 향이 나는 액체 화장품 鄕愁 고향을 그리워하는 마음이나 시름
중세 ▶	重稅 부담이 큰 조세 中世 고대와 근대의 중간 시대		회기 ▶	回期 돌아올 시기 會期 집회나 회의가 열리는 시기
중지 ▶	中止 중도에서 그만 둠. 中指 가운데 손가락 衆志 많은 사람의 생각이나 의지		회의 ▶	會議 여럿이 모여 의논함, 또는 그 모임 會意 한자 육서의 하나. 둘 이상의 한자를 뜻으 로 결합시켜 새 글자를 만든 방법

사자성어가 이 시험에서 가장 어렵지만 비중이 높은 부분이다. 이제 마지막 부분이므로 조금만 참고 끝까지 최선을 다하자.

各人各色
각인각색
사람마다 각기 다름.

角者無齒
각자무치
뿔이 있는 짐승은 이가 없다. 한 사람이 여러 가지 재주나 복을 다 가질 수 없다는 말

甘言利說
감언이설
비위를 맞추는 달콤한 말

感之德之
감지덕지
분에 넘치는 듯 싶어 매우 고맙게 여기는 모양

甲男乙女
갑남을녀
갑이란 남자를 뜻하고 을이란 여자를 뜻하므로, 평범한 사람들을 이르는 말

居安思危
거안사위
편안하게 있을 때 위태로움을 생각하라. 근심 걱정이 없을 때 미리 준비하고 대비하라는 뜻

見利忘義
견리망의
이익을 보면 의리를 잊음.

見利思義
견리사의
이익을 보면 의를 먼저 생각함.

犬馬之勞
견마지로
신하가 임금 앞에 자신의 노력을 낮춤.

見物生心
견물생심
어떠한 실물을 보게 되면 그것을 가지고 싶은 욕심이 생김.

決死反對
결사반대
죽기를 각오하고 있는 힘을 다하여 반대함.

結者解之
결자해지
맺은 사람이 풀어야 한다. 처음에 일을 벌여 놓은 사람이 끝을 맺어야 한다는 말

結草報恩
결초보은
죽어 혼령이 되어서도 은혜를 잊지 않고 갚음.

敬而遠之
경이원지
겉으로는 존경하는 체하면서 속으로는 멀리함.

驚天動地
경천동지
하늘을 놀라게 하고 땅을 뒤흔든다는 뜻으로, 세상을 몹시 놀라게 함.

敬天愛人
경천애인
하늘을 숭배하고 인간을 사랑함.

鷄卵有骨
계란유골
달걀에도 뼈가 있다. 운수가 나쁜 사람은 좋은 기회를 만나도 일이 잘 안됨을 이르는 말

苦盡甘來
고진감래
쓴 것이 다하면 단 것이 온다는 뜻으로, 고생 끝에 즐거움이 옴을 이르는 말

骨肉相爭
골육상쟁
가까운 혈족끼리 서로 싸움.

公明正大
공명정대
하는 일이나 태도가 사사로움이나 그릇됨이 없이 아주 정당하고 떳떳함.

空前絕後
공전절후
전에도 없었고 앞으로도 없음.

空卽是色
공즉시색
세상의 모든 사물은 실체가 아니지만 인연에 의해 임시적 존재로 존재한다.

公平無私
공평무사
공평하여 사사로움이 없음.

敎外別傳
교외별전
석가의 설교 외에 석가가 마음으로써 따로 깊은 뜻을 전함.

交友以信
교우이신
친구를 믿음으로써 사귐.

敎學相長
교학상장
가르치는 사람과 배우는 사람이 서로의 학업을 증진시킴.

九死一生
구사일생
아홉 번 죽을 뻔하다 한 번 살아난다. 죽을 고비를 여러 차례 넘기고 겨우 살아남.

九牛一毛
구우일모
많은 양 중에서 극히 적은 양

國泰民安	국태민안 나라가 태평하고 백성이 편안함.
君臣有義	군신유의 임금과 신하 사이의 도리는 의리에 있음.
權不十年	권불십년 권세는 십 년을 가지 못한다는 뜻으로, 아무리 높은 권세라도 오래가지 못함.
極惡無道	극악무도 더할 나위없이 악하고 도리에 완전히 어긋나 있음.
今昔之感	금석지감 예와 지금의 차이가 심하여 느끼는 감정.
金石之交	금석지교 쇠와 돌처럼 굳은 사귐.
今時初聞	금시초문 바로 지금 처음으로 들음.
金枝玉葉	금지옥엽 불면 꺼질까 쥐면 터질까 아주 귀한 집안의 소중한 자식
起死回生	기사회생 거의 죽을 뻔하다가 도로 살아남.
旣往之事	기왕지사 이미 지나간 일
落落長松	낙락장송 가지가 길게 축축 늘어진 키가 큰 소나무
落木寒天	낙목한천 나뭇잎이 다 떨어진 겨울의 춥고 쓸쓸한 풍경, 또는 그런 계절
落花流水	낙화유수 떨어지는 꽃과 흐르는 물이라는 뜻으로, 가는 봄의 경치를 이르는 말
難兄難弟	난형난제 서로 엇비슷함. 막상막하
南男北女	남남북녀 우리 나라에서 남자는 남쪽 지방이 잘나고 여자는 북쪽 지방이 고움을 이르는 말
男女老少	남녀노소 남자와 여자, 늙은이와 젊은이란 뜻. 모든 사람을 이르는 말

男女有別	남녀유별 유교에서 남자와 여자 사이에 분별이 있어야 함을 이르는 말
內憂外患	내우외환 나라 안팎의 여러 가지 어려움
怒發大發	노발대발 몹시 노하여 펄펄 뛰며 성을 냄.
論功行賞	논공행상 공적의 크고 작음 따위를 논의하여 그에 알맞은 상을 줌.
能小能大	능소능대 모든 일에 두루 능함.
多多益善	다다익선 많을수록 더욱 좋음.
多事多難	다사다난 여러 가지 일도 많고 어려움이나 탈도 많음.
多才多能	다재다능 재주와 능력이 여러 가지로 많음.
多情多感	다정다감 정이 많고 감정이 풍부함.
單刀直入	단도직입 혼자서 칼 한 자루를 들고 적진으로 곧장 쳐들어간다. 여러 말을 늘어놓지 않고 바로 요점이나 본문제를 말함.
大驚失色	대경실색 몹시 놀라 얼굴빛이 하얗게 질림.
代代孫孫	대대손손 오래도록 내려오는 여러 대
大同小異	대동소이 큰 차이 없이 거의 같음.
大明天地	대명천지 아주 환하게 밝은 세상
大言壯語	대언장어 주제에 맞지 않게 큰 소리침.
獨不將軍	독불장군 무슨 일이든 자기 생각대로 혼자서 처리하는 사람

讀書三到	독서삼도 독서하는 데는 눈으로 보고, 입으로 읽고, 마음으로 깨우쳐야 함.	名山大川	명산대천 이름난 산과 큰 내
獨也靑靑	독야청청 남들이 모두 절개를 꺾는 상황 속에서도 홀로 절개를 굳세게 지키고 있음.	明若觀火	명약관화 불을 보듯 뻔함.
同苦同樂	동고동락 괴로움도 즐거움도 함께 함.	目不忍見	목불인견 눈앞에 벌어진 상황 따위를 눈뜨고는 차마 볼 수 없음.
東問西答	동문서답 물음과는 전혀 상관없는 엉뚱한 대답	無不通知	무불통지 무슨 일이든지 환히 통하여 모르는 것이 없음.
東西古今	동서고금 동양과 서양, 옛날과 지금을 통틀어 이르는 말	無所不爲	무소불위 하지 못하는 일이 없음.
東西南北	동서남북 동쪽, 서쪽, 남쪽, 북쪽이라는 뜻으로, 모든 방향을 이르는 말	無用之物	무용지물 쓸모없는 물건이나 사람
同姓同本	동성동본 성(姓)과 본관이 모두 같음.	無爲徒食	무위도식 하는 일 없이 놀고 먹음.
同時多發	동시다발 같은 때나 시기에 많이 발생함.	聞一知十	문일지십 하나를 듣고 열을 앎.
冬溫夏淸	동온하청 부모에게 효도함. 겨울은 따뜻하게 여름은 시원하게 해드림.	門前成市	문전성시 찾아오는 사람이 많아 문 앞이 시장을 이루다시피 함.
燈下不明	등하불명 등잔 밑이 어둡다는 뜻으로, 가까이에 있는 물건이나 사람을 잘 찾지 못함.	物外閑人	물외한인 세상에 욕심이 없고 한가하게 지내는 사람
燈火可親	등화가친 가을이 되어 독서하기에 좋음.	百家爭鳴	백가쟁명 많은 학자나 문인 등이 자기의 학설이나 주장을 자유롭게 발표하여, 논쟁하고 토론하는 일
馬耳東風	마이동풍 남의 말을 대충 들음.	白骨難忘	백골난망 죽어서 백골이 되어도 잊을 수 없다는 뜻. 남에게 큰 은덕을 입었을 때 고마움의 뜻으로 이르는 말
莫逆之友	막역지우 아주 허물 없는 벗. 서로 거역하지 아니하는 친구. 아주 허물없는 사이	百年佳約	백년가약 남녀가 부부가 되어 평생을 함께 하겠다는 아름다운 언약
萬古不變	만고불변 아주 오랜 세월 동안 변하지 아니함.	百年大計	백년대계 먼 앞날까지 미리 내다보고 세우는 크고 중요한 계획
萬古常靑	만고상청 오랜 세월을 두고 변함없이 늘 푸름.	百年河淸	백년하청 시간이 가도 해결의 기미가 없음.
萬里長天	만리장천 아득히 높고 먼 하늘	百萬長者	백만장자 재산이 매우 많은 사람, 또는 아주 큰 부자

白面書生	백면서생 오직 글만 읽고 세상사에 경험이 없는 사람
百發百中	백발백중 백번 쏘아 백번을 맞힌다. 총이나 활 따위를 쏠 때마다 겨눈 공에 다 맞음.
白衣民族	백의민족 흰옷을 입은 민족이라는 뜻으로, '한민족'을 이르는 말
百戰老將	백전노장 많은 전투를 치른 노련한 병사. 세상 일을 많이 치러서 모든 일에 노련한 사람
百戰百勝	백전백승 싸울 때마다 다 이김.
百害無益	백해무익 해롭기만 하고 하나도 이로운 바가 없음.
別有天地	별유천지 우리가 살고 있는 이 세상 밖의 다른 세상. 특별히 경치가 좋거나 분위기가 좋은 곳
兵家常事	병가상사 전쟁에서 이기고 지는 일은 흔히 있는 일임. 실패하는 일은 흔히 있으므로 낙심할 것이 없다는 말
夫婦有別	부부유별 남편과 아내 사이의 도리는 서로 침범하지 않음을 이름.
父子有親	부자유친 아버지와 아들 사이에는 친애해야 함을 이르는 말
父傳子傳	부전자전 아버지가 아들에게 대대로 전함.
北窓三友	북창삼우 거문고, 술, 시(詩)를 아울러 이르는 말
不可思議	불가사의 사람의 생각으로는 미루어 헤아릴 수 없이 이상하고 야릇함.
不勞所得	불로소득 직접 일을 하지 아니하고 얻는 수익
不老長生	불로장생 늙지 아니하고 오래 삶.
不立文字	불립문자 문자나 말로써 도를 전하지 아니함. 불가의 뜻이 마음에서 마음으로 전해짐.

不問可知	불문가지 묻지 아니하여도 알 수 있음.
不問曲直	불문곡직 잘잘못을 묻지 않고 함부로 행함.
不遠千里	불원천리 천리길도 멀다고 여기지 않음.
朋友有信	붕우유신 벗 사이에는 믿음이 있어야 함을 이름.
非一非再	비일비재 같은 현상이나 일이 한두 번이나 한둘이 아니고 많음.
士農工商	사농공상 예전에, 백성을 나누던 네 가지 계급으로 선비, 농부, 공장(工匠), 상인
四面春風	사면춘풍 누구에게나 좋게 대하는 일, 또는 그런 사람을 비유적으로 이르는 말
四方八方	사방팔방 여기저기 모든 방향이나 방면
事親以孝	사친이효 어버이를 섬김에 효도로써 함.
四通八達	사통팔달 도로나 교통망, 통신망 따위가 이리저리 사방으로 통함.
四海兄弟	사해형제 온 세상 사람이 모두 형제와 같다는 뜻으로, 친밀함을 이르는 말
山戰水戰	산전수전 산에서도 싸우고 물에서도 싸웠다. 세상의 온갖 고생과 어려움
山川草木	산천초목 산과 내와 풀과 나무라는 뜻으로, 자연을 이르는 말
殺身成仁	살신성인 자기의 몸을 희생하여 인(仁)을 이룸.
三三五五	삼삼오오 서너 사람 또는 대여섯 사람이 떼를 지어 다니거나 무슨 일을 함, 또는 그런 모양
三餘之功	삼여지공 독서하기에 가장 좋은 겨울, 밤, 음우(陰雨)를 일컬음.

三人成虎	삼인성호 세 사람이 짜면 거리에 범이 나왔다는 거짓말도 꾸밀 수 있다. 근거 없는 말이라도 여러 사람이 말하면 곧이듣게 됨.
三從之道	삼종지도 예전에, 여자가 따라야 할 세 가지 도리. 어려서는 아버지를, 결혼해서는 남편을, 남편이 죽은 후에는 자식을 따라야 함.
三尺童子	삼척동자 키가 석 자 정도밖에 되지 않는 어린 아이 철없는 어린 아이를 이름.
三寒四溫	삼한사온 아시아의 동부, 북부에서 나타나는 겨울 기온의 변화. 7일을 주기로 사흘 동안 춥고 나흘 동안 따뜻함.
相思不忘	상사불망 서로 그리워하여 잊지 못함.
生老病死	생로병사 사람이 나고 늙고 병들고 죽는 네 가지 고통
生面不知	생면부지 서로 한 번도 만난 적이 없어서 전혀 알지 못하는 사람, 또는 그런 관계
生死苦樂	생사고락 삶과 죽음, 괴로움과 즐거움을 통틀어 이르는 말
先見之明	선견지명 어떤 일이 일어나기 전에 미리 앞을 내다보고 아는 지혜
先公後私	선공후사 공적인 것을 앞세우고 사적인 것은 뒤로 함.
善男善女	선남선녀 착하고 어진 사람들
雪上加霜	설상가상 눈 위에 서리가 덮인 격으로, 불행한 일이 연거푸 일어남.
說往說來	설왕설래 서로 변론을 주고받으며 옥신각신함, 또는 말이 오고 감.
世上萬事	세상만사 세상에서 일어나는 온갖 일
送舊迎新	송구영신 묵은 해를 보내고 새해를 맞음.
水魚之交	수어지교 고기와 물과의 관계처럼 떨어질 수 없는 특별한 친분

是是非非	시시비비 여러 가지의 잘잘못을 옳고 그름을 따지며 다툼.
始終如一	시종여일 처음부터 끝까지 변함없이 한결같음.
識字憂患	식자우환 학식이 있는 것이 오히려 근심을 사게 됨.
身言書判	신언서판 사람됨을 판단하는 네 가지 기준, 즉 몸, 말, 글, 판단력
實事求是	실사구시 사실에 토대를 두어 진리를 탐구하는 일
心心相印	심심상인 마음과 마음에 서로를 새김.
十伐之木	십벌지목 열 번 찍어 안 넘어가는 나무 없음.
十中八九	십중팔구 열 가운데 여덟이나 아홉 정도로 거의 대부분이거나 틀림없음.
我田引水	아전인수 제 논에 물대기. 자기에게만 이롭게 함.
安分知足	안분지족 편안한 마음으로 제 분수를 지키며 만족할 줄을 앎.
安貧樂道	안빈낙도 가난한 생활을 하면서도 편안한 마음으로 도를 즐겨 지킴.
眼下無人	안하무인 방자하고 교만하여 사람을 모두 얕잡아 봄.
愛國愛族	애국애족 자기 나라와 겨레를 사랑함.
哀而不悲	애이불비 속으로는 슬프지만 겉으로는 슬픔을 나타내지 아니함.
哀而不傷	애이불상 슬퍼하되 도를 넘지 아니함.
愛之重之	애지중지 매우 사랑하고 소중히 여기는 모양

藥房甘草	약방감초 무슨 일이나 빠짐없이 낌. 반드시 끼어야 할 사물
弱肉强食	약육강식 약한 자가 강한 자에게 먹힌다. 강한 자가 약한 자를 희생시켜서 번영하거나, 약한 자 가 강한 자에게 끝내는 멸망됨.
良藥苦口	양약고구 좋은 약은 입에 쓰나 병에 이롭다. 충언(忠 言)은 귀에 거슬리나 자신에게 이로움.
魚東肉西	어동육서 제사상을 차릴 때, 생선 반찬은 동쪽에 놓 고 고기 반찬은 서쪽에 놓는 일
魚頭肉尾	어두육미 물고기는 머리 쪽이 맛이 있고, 짐승 고기 는 꼬리 쪽이 맛이 있음.
漁父之利	어부지리 조개와 도요새가 서로 버티는 통에 어부가 둘을 다잡아 이득을 봄.
語不成說	어불성설 말이 조금도 사리에 맞지 아니함.
言中有骨	언중유골 말 속에 뼈가 있다는 뜻으로, 예사로운 말 속에 단단한 속뜻이 들어 있음.
言行一致	언행일치 말과 행동이 서로 같음, 또는 말한 대로 실 행함.
女必從夫	여필종부 아내는 반드시 남편을 따라야 한다는 옛날 의 여자의 도리.
易地思之	역지사지 처지를 바꾸어서 생각하여 봄.
五穀百果	오곡백과 온갖 곡식과 과실
吾鼻三尺	오비삼척 내 코가 석자. 자기 사정이 급하여 남을 돌 볼 겨를이 없음.
玉骨仙風	옥골선풍 살빛이 희고 고결하여 신선과 같은 풍채
溫故知新	온고지신 옛것을 익혀서 그것으로 미루어 새 것을 깨 달음.
曰可曰否	왈가왈부 어떤 일에 대하여 옳거니 옳지 아니하거니 하고 말함.

樂山樂水	요산요수 산수(山水)의 자연을 즐기고 좋아함.
勇氣百倍	용기백배 격려나 응원 따위에 자극을 받아 힘이나 용 기를 더 냄.
愚公移山	우공이산 어리석은 사람이 산을 옮김. 마음만 단단히 먹으면 큰 일도 이룸.
右往左往	우왕좌왕 이리저리 왔다갔다 하며 일이나 나아가는 방향을 종잡지 못함.
牛耳讀經	우이독경 쇠귀에 경 읽기. 아무리 가르치고 일러 주 어도 알아듣지 못함.
月下老人	월하노인 부부의 인연을 맺어 준다는 전설상의 늙은이
有口無言	유구무언 입이 있어도 할 말이 없음. 변명을 못함.
有名無實	유명무실 이름만 그럴듯하고 실속은 없음.
有備無患	유비무환 미리 준비가 되어 있으면 걱정할 것이 없음.
唯我獨尊	유아독존 세상에서 자기 혼자 잘났다고 뽐내는 태도
有終之美	유종지미 한번 시작한 일을 끝까지 잘하여 끝맺음이 좋음.
異口同聲	이구동성 입은 다르나 목소리는 같다. 여러 사람의 말이 한결같음.
以卵投石	이란투석 계란으로 바위 치기. 아주 약한 것으로 강 한 것에 대항하려는 어리석음
耳目口鼻	이목구비 귀·눈·입·코를 아울러 이르는 말. 귀· 눈·입·코를 중심으로 한 얼굴의 생김새
以心傳心	이심전심 말이나 글로 전하지 않고 마음에서 마음으로 전함.
以熱治熱	이열치열 열은 열로써 다스림. 힘은 힘으로 물리침.

利用厚生	이용후생 기구를 편리하게 쓰고 먹을 것과 입을 것을 넉넉하게 하여, 국민의 생활을 나아지게 함.	**一朝一夕**	일조일석 하루 아침과 하루 저녁이란 뜻으로, 짧은 시일을 이르는 말
二八靑春	이팔청춘 16세 무렵의 꽃다운 청춘, 또는 혈기 왕성 한 젊은 시절	**一進一退**	일진일퇴 한 번 앞으로 나아갔다 한 번 뒤로 물러섰 다함.
因果應報	인과응보 과거 또는 전생의 선악의 인연에 따라 뒷날 의 길흉화복을 받음.	**日就月將**	일취월장 날로 달로 나아감. 학문이 날로 달로 나아감.
人命在天	인명재천 사람의 목숨은 하늘에 달려 있다. 목숨의 길고 짧음은 사람의 힘으로 어쩔 수 없음.	**一波萬波**	일파만파 금새 사방으로 번져 나감.
人事不省	인사불성 제 몸에 벌어지는 일을 모를 만큼 정신을 잃은 상태	**一片丹心**	일편단심 한 조각의 붉은 마음이라는 뜻으로, 진심에 서 우러나오는 변치 않는 마음
人山人海	인산인해 사람이 산을 이루고 바다를 이루었다. 사람 이 수없이 많이 모인 상태	**一喜一悲**	일희일비 한편으로는 기뻐하고 한편으로는 슬퍼함. 또는 기쁨과 슬픔이 번갈아 일어남.
一擧兩得	일거양득 한 가지 일로 두 가지 이득을 취함.	**立身揚名**	입신양명 출세하여 이름을 세상에 떨침.
一口二言	일구이언 한 입으로 두 말을 한다. 한 가지 일에 대 하여 말을 이랬다저랬다 함.	**自給自足**	자급자족 필요한 물자를 스스로 생산하여 충당함.
一問一答	일문일답 한 번 물음에 대하여 한 번 대답함.	**自問自答**	자문자답 스스로 묻고 스스로 대답함.
一石二鳥	일석이조 돌 한 개를 던져 새 두 마리를 잡는다는 뜻 으로, 동시에 두 가지 이득을 봄.	**子孫萬代**	자손만대 오래도록 내려오는 여러 대
一心同體	일심동체 한마음 한 몸이라는 뜻으로, 서로 굳게 결 합함을 이르는 말	**自手成家**	자수성가 물려받은 재산이 없이 자기 혼자의 힘으로 집안을 일으키고 재산을 모음.
一言半句	일언반구 한 마디 말과 반 구절이라는 뜻으로, 아주 짧은 말을 이르는 말	**自業自得**	자업자득 자기가 저지른 일의 결과를 자기가 받음.
一日三省	일일삼성 매일 세 번 자신을 반성함.	**自由自在**	자유자재 거침없이 자기 마음대로 할 수 있음.
一日三秋	일일삼추 하루가 삼 년 같다는 뜻으로, 몹시 애태우 며 기다림을 이르는 말	**自初至終**	자초지종 처음부터 끝까지의 과정
一字無識	일자무식 글자를 한 자도 모를 정도로 무식함. 또는 그런 사람	**作心三日**	작심삼일 단단히 먹은 마음이 사흘을 가지 못한다는 뜻으로, 결심이 굳지 못함을 이름.
一長一短	일장일단 일면의 장점과 다른 일면의 단점을 통틀어 이르는 말	**赤手空拳**	적수공권 맨손과 맨주먹이라는 뜻으로, 아무것도 가 진 것이 없음을 이르는 말

適材適所 적재적소
알맞은 인재를 알맞은 자리에 씀.

電光石火 전광석화
번갯불이나 부싯돌의 불이 번쩍거리는 것과 같이 짧은 시간이나 재빠른 움직임

前代未聞 전대미문
이제까지 들어본 적이 없는 일

前無後無 전무후무
전에도 없었고 앞으로도 없음.

全心全力 전심전력
온 마음과 온 힘

朝變夕改 조변석개
아침 저녁으로 뜯어 고침.

鳥足之血 조족지혈
새 발의 피라는 뜻으로, 매우 적은 분량을 비유적으로 이르는 말

足脫不及 족탈불급
맨발로 뛰어도 따라가지 못한다. 능력, 역량, 재질 따위가 두드러져 도저히 다른 사람이 따라가지 못할 정도

存亡之秋 존망지추
존속과 멸망, 또는 생존과 사망이 결정되는 아주 절박한 경우나 시기

左之右之 좌지우지
이리저리 제 마음대로 휘두르거나 다룸.

主客一體 주객일체
주체와 객체가 하나가 됨.

晝耕夜讀 주경야독
낮에는 밭을 갈고 밤에는 책을 읽음.

晝夜長川 주야장천
밤낮으로 쉬지 아니하고 연달음.

竹馬故友 죽마고우
어릴 때, 대나무말을 타고 놀며 같이 자란 친구

衆口難防 중구난방
여러 사람의 말을 막기가 어려움.

地上天國 지상천국
하늘에서 찾을 것이 아니라 이 현실 사회에서 세워야 한다는 완전한 이상 세계

至誠感天 지성감천
정성이 지극하면 하늘도 감동함. 어떤 일을 정성껏 하면 좋은 결과를 맺음.

指呼之間 지호지간
손짓하여 부를 만한 가까운 거리

盡忠報國 진충보국
충성을 다하여 나라의 은혜를 갚음.

進退兩難 진퇴양난
앞으로 나아가기도 어렵고 뒤로 물러나기도 어려움.

此日彼日 차일피일
이날저날 미룸.

千萬多幸 천만다행
아주 다행함.

千辛萬苦 천신만고
천 가지 매운 것과 만 가지 쓴 것. 온갖 어려운 고비를 다 겪으며 심하게 고생함.

天人共怒 천인공노
하늘과 땅이 함께 분노한다는 뜻으로 누구나 분노하고 도저히 용납할 수 없음.

天下第一 천하제일
세상에 견줄 만한 것이 없이 최고임.

靑山流水 청산유수
산에 맑은 물이라는 뜻으로, 막힘없이 썩 잘하는 말을 비유적으로 이르는 말

靑天白日 청천백일
하늘이 맑게 갠 대낮. 혐의가 풀리어 무죄가 됨.

淸風明月 청풍명월
맑은 바람과 밝은 달

草綠同色 초록동색
풀빛과 녹색은 같다. 같은 처지의 사람과 어울리거나 기우는 것.

寸鐵殺人 촌철살인
간단한 말로 핵심을 찔러 감동시킴.

秋風落葉 추풍낙엽
가을 바람에 떨어지는 나뭇잎. 어떤 형세나 세력이 갑자기 기울어지거나 헤어져 흩어지는 모양

出告反面 출곡반면
부모님께 밖에 나갈 때 가는 곳을 반드시 아뢰고, 되돌아와서는 반드시 얼굴을 보여 드림.

七去之惡
칠거지악
예전에, 아내를 내쫓을 수 있는 이유가 되었던 일곱 가지 허물

他山之石
타산지석
다른 산에서 나는 작은 돌로도 자신의 구슬을 갈 수 있다. 남의 하찮은 언행일지라도 자신의 품성을 높이는 데 교훈으로 삼을 수 있음.

泰山北斗
태산북두
존경받는 인물

太平聖代
태평성대
태평스런 시절

破顔大笑
파안대소
매우 즐거운 표정으로 활짝 웃음.

破竹之勢
파죽지세
대를 쪼개는 기세라는 뜻으로, 적을 거침없이 물리치고 쳐들어가는 기세

八道江山
팔도강산
팔도의 강산이라는 뜻으로, 우리 나라 전체의 강산을 이르는 말

八方美人
팔방미인
어느 모로 보나 아름다운 사람. 여러 방면에 능통한 사람을 비유적으로 이르는 말

敗家亡身
패가망신
집안의 재산을 다 써 없애고 몸을 망침.

風前燈火
풍전등화
바람 앞에 놓인 등불, 사물이 매우 위태로운 처지에 놓여 있음을 비유하는 말

皮骨相接
피골상접
살가죽과 뼈가 맞붙을 정도로 몹시 마름.

匹夫之勇
필부지용
깊은 생각 없이 혈기만 믿고 함부로 부리는 소인의 용기

匹夫匹婦
필부필부
평범한 남녀

行方不明
행방불명
곳이나 방향을 모름.

虛送歲月
허송세월
하는 일 없이 세월만 헛되이 보냄.

賢母良妻
현모양처
어진 어머니이면서 착한 아내

形形色色
형형색색
형상과 빛깔 따위가 서로 다른 여러 가지

好衣好食
호의호식
좋은 옷을 입고 좋은 음식을 먹음.

花朝月夕
화조월석
경치 좋은 시절, 즉 봄과 가을

凶惡無道
흉악무도
성질이 거칠고 사나우며 도의심이 없음.

興亡盛衰
흥망성쇠
흥하고 망함과 성하고 쇠함.

興盡悲來
흥진비래
즐거운 일이 다하면 슬픈 일이 닥쳐온다. 세상 일은 순환되는 것임을 이르는 말

喜怒哀樂
희로애락
기쁨과 노여움과 슬픔과 즐거움

모의고사 및 정답

지금까지 배운 한자를 총복습하고,
시험의 패턴을 익히는 목적으로 차분히 풀어보자.

제 1영역

漢 字

01-02 다음 한자(漢字)의 부수(部首)는 무엇입니까?

01 日 : ① 三　② 口　③ 日　④ 一　⑤ 二

02 難 : ① 莫　② 艹　③ 大　④ 口　⑤ 隹

03-04 다음 한자(漢字)의 획수(劃數)는 모두 몇 획입니까?

03 弓 : ① 1　② 2　③ 3　④ 4　⑤ 5

04 造 : ① 9　② 10　③ 11　④ 12　⑤ 13

05-06 다음 필순(筆順)에 대한 설명에 가장 알맞은 한자(漢字)는 어느 것입니까?

05 글자를 꿰뚫는 획은 나중에 긋는다.

　　① 射　② 處　③ 罪　④ 事　⑤ 湖

06 삐침과 파임이 교차할 때 삐침을 먼저 쓴다.

　　① 文　② 存　③ 氏　④ 氷　⑤ 兄

07-08 다음 한자(漢字)와 그 조자(造字)의 방식이 같은 한자는 어느 것입니까?

〈보기〉日 : ① 山　② 休　③ 下　④ 江

〈보기〉에 제시된 한자 '日(해의 모습을 본떠서 만들었음)' 처럼 구체적인 사물의 모습을 본떠서 만든 상형자(象形字)는 '山(산의 모습을 본떠서 만들었음)' 이다. 따라서 정답 ①을 골라 답란에 표기하면 된다.

07 上 : ① 斗　② 怒　③ 夜　④ 硏　⑤ 本

08 犬 : ① 耳　② 防　③ 夜　④ 硏　⑤ 故

09-14 다음 한자(漢字)의 음(音)은 무엇입니까?

09 勤 : ① 검　② 권　③ 건　④ 륵　⑤ 근

10 權 : ① 가　② 간　③ 권　④ 근　⑤ 각

11 氷 : ① 천　② 영　③ 수　④ 일　⑤ 빙

12 勝 : ① 손　② 수　③ 승　④ 추　⑤ 순

13 遺 : ① 귀　② 견　③ 수　④ 유　⑤ 추

14 着 : ① 준　② 절　③ 착　④ 발　⑤ 차

15-19 다음의 음(音)을 가진 한자는 어느 것입니까?

15 가 : ① 連　② 街　③ 廣　④ 等　⑤ 久

16 변 : ① 變　② 判　③ 復　④ 藝　⑤ 郡

17 주 : ① 支　② 禁　③ 浴　④ 走　⑤ 難

18 기 : ① 到　② 洞　③ 兆　④ 的　⑤ 基

19 료 : ① 讀　② 料　③ 打　④ 比　⑤ 早

20-24 다음 한자(漢字)와 음(音)이 같은 한자는 어느 것입니까?

20 個 : ① 改　② 犬　③ 季　④ 烏　⑤ 素

21 丹 : ① 根　② 街　③ 寺　④ 雪　⑤ 短

22 射 : ① 殺　② 使　③ 識　④ 視　⑤ 奉

23 守 : ① 收　② 兵　③ 律　④ 圖　⑤ 世

24 夏 : ① 應　② 若　③ 算　④ 河　⑤ 備

25-30 다음 한자(漢字)의 뜻은 무엇입니까?

25 勞 : ① 어렵다　② 일하다　③ 성내다　④ 뜨겁다　⑤ 사귀다

26 短 : ① 콩　② 팥　③ 짧다　④ 길다　⑤ 굽다

27 量 : ① 잡다　② 무겁다　③ 멀다　④ 가깝다　⑤ 헤아리다

28 施 : ① 막다   ② 아쉽다   ③ 떠밀다
      ④ 베풀다   ⑤ 갖추다

29 助 : ① 버티다   ② 돕다   ③ 빌리다
      ④ 먹다   ⑤ 주다

30 地 : ① 집   ② 땅   ③ 별
      ④ 달   ⑤ 하늘

31-35 다음의 뜻을 가진 한자(漢字)는 어느 것입니까?

31 춤추다 : ① 射 ② 舞 ③ 製 ④ 畫 ⑤ 唱
32 뿌리   : ① 堂 ② 質 ③ 近 ④ 根 ⑤ 充
33 군사   : ① 走 ② 卒 ③ 街 ④ 兆 ⑤ 追
34 다스리다 : ① 容 ② 鮮 ③ 勤 ④ 民 ⑤ 治
35 머리   : ① 革 ② 凶 ③ 不 ④ 末 ⑤ 頭

36-40 다음 한자(漢字)와 뜻이 비슷한 한자는 어느 것입니까?

36 加 : ① 星 ② 益 ③ 恩 ④ 育 ⑤ 業
37 往 : ① 元 ② 以 ③ 去 ④ 烏 ⑤ 位
38 體 : ① 仙 ② 身 ③ 易 ④ 藥 ⑤ 花
39 晝 : ① 調 ② 平 ③ 片 ④ 血 ⑤ 午
40 殺 : ① 商 ② 次 ③ 幸 ④ 死 ⑤ 貝

제 2영역
語 彙

41-44 다음 한자어(漢字語)와 발음(發音)이 같은 한자어는 어느 것입니까?

41 人情 : ① 協定 ② 定婚 ③ 仁政 ④ 合唱 ⑤ 非行
42 空氣 : ① 觀光 ② 內面 ③ 工期 ④ 同樂 ⑤ 線路
43 事故 : ① 例文 ② 思考 ③ 每日 ④ 言語 ⑤ 所重
44 不可 : ① 穀價 ② 佛家 ③ 虛假 ④ 妻家 ⑤ 適當

45 다음 한자어(漢字語)들 중 괄호 안의 한자(漢字)의 발음(發音)이 다른 한자어는 어느 것입니까?

45 ① (見)責 ② 謁(見) ③ (見)解 ④ 所(見) ⑤ 發(見)

46-54 다음 단어들의 '□'에 공통으로 들어갈 알맞은 한자(漢字)는 어느 것입니까?

46 □入, □國, 進□ : ① 席 ② 母 ③ 出 ④ 治 ⑤ 然
47 孝□, □愛, 兩□ : ① 行 ② 河 ③ 滿 ④ 者 ⑤ 親
48 命□, □心, □間 : ① 美 ② 表 ③ 忠 ④ 中 ⑤ 位
49 來□, □齒, 幼□ : ① 感 ② 老 ③ 年 ④ 大 ⑤ 移
50 有□, 原□, □過 : ① 水 ② 賣 ③ 變 ④ 罪 ⑤ 畫
51 希□, 願□, □月 : ① 求 ② 望 ③ 將 ④ 退 ⑤ 敗
52 □事, □決, □明 : ① 判 ② 到 ③ 病 ④ 度 ⑤ 獨
53 □體, □武, □理 : ① 問 ② 文 ③ 聞 ④ 門 ⑤ 間
54 □遇, 期□, 冷□ : ① 困 ② 約 ③ 待 ④ 乘 ⑤ 暑

55-60 다음 한자어(漢字語)와 뜻이 반대(反對)이거나 상대(相對)되는 한자어는 어느 것입니까?

55 前方 : ① 後進 ② 前進 ③ 前後 ④ 後方 ⑤ 四方
56 公衆 : ① 小數 ② 個人 ③ 大衆 ④ 記入 ⑤ 每事
57 失敗 : ① 原告 ② 原罪 ③ 結果 ④ 成功 ⑤ 初步
58 進步 : ① 下落 ② 同感 ③ 退步 ④ 增加 ⑤ 算出
59 禁止 : ① 證人 ② 凡人 ③ 故人 ④ 許可 ⑤ 密集
60 平凡 : ① 平行 ② 平常 ③ 非凡 ④ 特惠 ⑤ 認識

61-65 다음 성어(成語)에서 '□'에 들어갈 알맞은

한자(漢字)는 어느 것입니까?

61 君子三□ : ① 入 ② 樂 ③ 行 ④ 得 ⑤ 訓
62 見□思義 : ① 利 ② 金 ③ 大 ④ 千 ⑤ 應
63 □故知新 : ① 樹 ② 訓 ③ 恩 ④ 只 ⑤ 溫
64 □口無言 : ① 牛 ② 有 ③ 末 ④ 亡 ⑤ 快
65 生□不知 : ① 千 ② 天 ③ 面 ④ 宅 ⑤ 效

66-70 다음 성어(成語)의 뜻풀이로 적절한 것은 어느 것입니까?

66 多多益善
　① 너무 싼 물건은 좋지 않다.
　② 많으면 많을수록 더욱 좋다.
　③ 착한 일을 많이 하면 복을 받는다.
　④ 재산이 많으면 착한 일 하기 어렵다.
　⑤ 자기의 욕심을 누르고 예의범절을 따름

67 白面書生
　① 나태한 사람
　② 학식이 높은 사람
　③ 추운 지역에 사는 사람
　④ 몹시 놀라 얼굴빛이 하얗게 질림
　⑤ 세상일에 조금도 경험이 없는 사람

68 一擧兩得
　① 등잔 밑이 어둡다.
　② 지나침은 모자람과 같다.
　③ 어버이에게 효도하는 사람
　④ 한가지 일로 두가지 이득을 취함.
　⑤ 눈앞에 벌어진 상황 따위를 눈뜨고는 차마 볼수 없음

69 作心三日
　① 뇌물을 함부로 받다.
　② 공적인 일에 사적인 감정을 드러내다.
　③ 모든 일에 대해 정성을 다하여 임하다.
　④ 결심이 얼마되지 않아 흐지부지되다
　⑤ 자기가 한 일에 대하여 스스로 미흡하게 여

기는 마음

70 前代未聞
　① 이날 저날 미룸.
　② 하늘이 정하여 준 연분
　③ 호화로운 술잔치
　④ 주체와 객체가 하나가 됨.
　⑤ 이제까지 들어본 적이 없는 일

71-75 다음의 뜻을 가장 잘 나타낸 성어(成語)는 어느 것입니까?

71 날마다 여러 가지 면에서 자신에 대해 반성하다.
　① 多才多能　② 一日三省　③ 三日天下
　④ 殺身成仁　⑤ 靑山流水

72 어릴 때부터 가까이 지내며 자란 친구
　① 益者三友　② 言中有骨　③ 東問西答
　④ 竹馬故友　⑤ 是是非非

73 불을 보듯 뻔함
　① 明若觀火　② 難兄難弟　③ 一長一短
　④ 以心傳心　⑤ 自手成家

74 아주 다행함
　① 有名無實　② 四通八達　③ 人命在天
　④ 樂山樂水　⑤ 千萬多幸

75 이익을 보면 의를 먼저 생각함
　① 一言半句　② 一長一短　③ 見利思義
　④ 一石二鳥　⑤ 自業自得

제 3영역　　讀　解

76-81 다음 문장에서 밑줄 친 한자어(漢字語)의 음(音) 은 무엇입니까?

76 저 가수는 歌唱력이 뛰어나다.
　① 창조　② 모창　③ 집중　④ 친화　⑤ 가창

77 저 상점의 물건들은 품질이 良好하다.

① 우수　② 적당　③ 상당　④ 양호　⑤ 불량

78 이러한 사고의 재발 <u>防止</u>을(를) 약속해 주십시오.

① 방지　② 금지　③ 저지　④ 방법　⑤ 처방

79 이 연극의 등장 인물로는 <u>神仙</u>, 나뭇꾼, 선녀 등이 있다.

① 임금　② 신하　③ 귀신　④ 신선　⑤ 신령

80 <u>勇氣</u> 있는 사람만이 사랑을 쟁취할 수 있다.

① 의기　② 신용　③ 용기　④ 신념　⑤ 의거

81 냉장고에 더 이상 남은 <u>飮食</u>이 없다.

① 음식　② 반찬　③ 식량　④ 부식　⑤ 주식

82-87 다음 문장에서 밑줄 친 한자어(漢字語)의 뜻풀이로 적절한 것은 어느 것입니까?

82 여러분 개인의 <u>權益</u>을 보호하기 위해 최선을 다하겠습니다.

① 재산을 증대 시킴
② 놓치지 않고 꽉 잡음
③ 권리와 그에 따르는 이익
④ 사회적으로 주어지는 의무
⑤ 돈이나 물건 따위를 받음

83 우리 국민의 평균 <u>勞動</u>시간이 점차 줄어들고 있다고 합니다.

① 노력을 지나치게 기울임
② 재료를 써서 물건을 만듦
③ 양이나 수치가 급격하게 줄어듦
④ 유용한 곳에 쓰기 위해 자신의 몸 속에 에너지를 충분히 모아 둠
⑤ 생활에 필요한 물자를 얻기 위해 육체적·정신적 노력을 들이는 행위

84 정해진 계좌에 <u>送金</u>하신 뒤에 다시 연락해 주세요.

① 금을 판매함　　② 돈을 모아 둠
③ 살아갈 방도　　④ 돈이 갑자기 생김
⑤ 돈을 부쳐보냄

85 학교까지 <u>往復</u> 한 시간이 걸립니다.

① 갔다가 돌아옴
② 법을 지키지 않는 행위
③ 남에게 덧붙어서 사는 일
④ 남을 지배하고 억누르려는 마음
⑤ 어떤 이익을 주장할 수 있는 법률상의 조건

86 올 해 수출 실적은 2,000년 이후 사상 <u>最高</u>를 기록했다.

① 가장 높음
② 비밀이 새어 나감
③ 정보를 서로 주고받음
④ 부드럽고 무르며 연한 성질
⑤ 여러 사람이 협력하여 일을 함

87 언제쯤이면 <u>宇宙</u>여행이 가능해지겠습니까?

① 눈여겨 봄
② 일을 마침
③ 살고 있는 곳
④ 어떤 일에 주장이 되어 행동함
⑤ 무한한 시간과 만물을 포함하고 있는 끝없는 공간의 총체

88-90 다음 문장에서 빈칸에 들어갈 가장 적절한 한자어(漢字語)는 어느 것입니까?

88 시위대가 □□(으)로 진출하는 것을 막아 주십시오.

① 角度　② 病室　③ 家口　④ 街頭　⑤ 記入

89 소화제를 □□ 섭취하는 것은 좋지 않습니다.

① 多量　② 定量　③ 多數　④ 定數　⑤ 否定

90 철수는 오늘부터 우리 부서에서 □□하게 되었다.

① 訪問　② 勤務　③ 休學　④ 課業　⑤ 取得

91-93 다음 문장에서 밑줄 친 한자어(漢字語)의 한자 표기(漢字表記)가 바르지 않은 것은 어느 것입니까?

91 ①先生의 ②死後에 ③國加에서 그의 ④夫人과 ⑤家族을 돌봐주었다.

92 ①金年부터 ②卒業식은 ③學校 ④運動장에서 ⑤擧行 하기로 하였습니다.

93 선생님의 ①證明을 잘 듣고 ②課題와 ③復習을 ④自臣이 알아서 ⑤每日하도록 하세요.

94-96 다음 문장에서 밑줄 친 단어(單語)를 한자(漢字)로 바르게 쓴 것은 어느 것입니까?

94 여러분들이 <u>자율</u>적으로 주변을 정리해 주십시오.

　① 者性　② 自律　③ 者律　④ 自性　⑤ 自動

95 저 사람은 뛰어난 <u>실력</u>을 가졌다.

　① 失歷　② 實力　③ 失力　④ 實歷　⑤ 室力

96 일의 <u>형세</u>를 잘 보고 판단하시기 바랍니다.

　① 現勢　② 現世　③ 形勢　④ 形世　⑤ 兄勢

97-99 다음 문장에서 밑줄 친 단어(單語)나 어구(語句)의 뜻을 가장 잘 나타낸 한자(漢字) 또는 한자어(漢字語)는 어느 것입니까?

97 어제의 회의에서는 세 가지 안건을 모두 그 자리에서 처리하지 않고 나중으로 <u>미루어 두었다</u>.

　① 在席　② 後日　③ 處理　④ 保留　⑤ 飛行

98 그 연극은 무대장치와 등장인물들이 <u>서로 잘 어울린다</u>

　① 調和　② 相好　③ 朝會　④ 神用　⑤ 合同

99 이 분야에는 <u>새로이 등장한</u> 세력들이 적극적으로 참여합니다.

　① 市長　② 節電　③ 新進　④ 皇帝　⑤ 改善

100-105 다음 글을 읽고 물음에 답하시오.

박선생님은 유독 ㉠<u>분교</u> 근무를 선택한다. "저도 강원도 산골 출신이지요. 그런 까닭인지 ㉡<u>시골</u> 학교에 대한 애착이 남다른 것 같아요." 그래서인지 13년 교직 생활 중 절반을 분교에서만 아이들을 가르쳤다.

10년 전 처음 농촌 학교에 부임하면서 선생님이 정성을 기울인 것은 정보화 교육이었다. 한 기업의 후원을 받아 ㉢<u>주</u>간에는 아이들을 위한 무료 컴퓨터 ⓐ<u>교육</u>을 실시했고, ㉣<u>야</u>간에는 지역 주민들을 위한 컴퓨터 ⓑ<u>교실</u>을 열었다. ㉤<u>最近</u>에는 이 학교 ㉥<u>동창생</u>들이 모여서 컴퓨터 봉사 모임을 만들기까지 했다고 한다.

100 ㉠'분교'의 한자 표기가 바른 것은?

　① 合校　② 合交　③ 分校　④ 分交　⑤ 分敎

101 ㉡'시골'의 뜻을 가진 것은?

　① 形　② 鄕　③ 向　④ 香　⑤ 番

102 ㉢'주'와 ㉣'야'의 한자 표기를 바르게 짝지은 것은?

　① 走 - 弱　　② 晝 - 夜　　③ 晝 - 弱

　④ 走 - 夜　　⑤ 走 - 野

103 ⓐ'교육'과 ⓑ'교실'에 공통으로 쓰이는 '교'의 한자 표기가 바른 것은?

　① 究　② 校　③ 考　④ 敎　⑤ 交

104 ㉤'最近'의 독음이 바른 것은?

　① 원근　② 최신　③ 최근　④ 부근　⑤ 최초

105 ㉥'동창생'의 한자 표기가 바른 것은?

　① 東窓生　　② 東唱生　　③ 同窓生

　④ 同唱生　　⑤ 同昌生

마을 뒷산의 생김새가 봉황이 ㉠엎드린 꼴을 닮아 봉곡마을로 불리던 이 아담한 농촌마을에는 42가구 70여 주민이 농사를 지으며 산다. 봄에는 파릇파릇한 ⓐ보리와 노란 배추꽃이 ㉡茂盛하다. 여름 저녁이면 아름다운 노을에 붉게 물드는 6만여 평의 방죽, 가을에는 황금물결을 이룬 뚝방길을 따라 ㉢서늘한 바람을 맞으며 자전거 하이킹을 즐길 수 있는 영산나루터. 비가 ㉣갠 뒤에는 맑은 하늘 아래 싱그러운 ⓑ채소밭과 강변을 따라 한없이 이어지는 갈대밭이 어우러져 색다른 겨울풍경을 자아낸다.

106 ㉠'엎드린'의 뜻을 가진 것은?

① 伏   ② 服   ③ 復   ④ 均   ⑤ 代

107 ⓐ'보리'와 ⓑ'채소'의 뜻을 가진 한자를 바르게 짝지은 것은?

① 來 – 菜   ② 麥 – 草   ③ 穀 – 菜

④ 穀 – 草   ⑤ 麥 – 菜

108 ㉡'茂盛'의 독음이 바른 것은?

① 풍성   ② 무성   ③ 번성   ④ 융성   ⑤ 확성

109 ㉢'서늘한'의 뜻을 가진 것은?

① 凉   ② 深   ③ 尤   ④ 陰   ⑤ 炎

110 ㉣'갠'의 뜻을 가진 것은?

① 晴   ② 靑   ③ 淸   ④ 情   ⑤ 精

제 1영역 漢 字

01-02 다음 한자(漢字)의 부수(部首)는 무엇입니까?
01 校: ①人 ②交 ③六 ④八 ⑤木
02 動: ①重 ②千 ③里 ④力 ⑤十

03-04 다음 한자(漢字)의 획수(劃數)는 모두 몇 획입니까?
03 四: ①4 ②5 ③6 ④7 ⑤8
04 可: ①3 ②4 ③5 ④6 ⑤7

05-06 다음 필순(筆順)에 대한 설명에 가장 알맞은 한자(漢字)는 어느 것입니까?
05 왼쪽에서 오른쪽으로 쓴다.
①力 ②言 ③完 ④川 ⑤犬
06 좌우의 모양이 같을 때에는 가운데를 먼저 쓴다.
①水 ②木 ③大 ④女 ⑤己

07-08 다음 한자(漢字)와 그 조자(造字)의 방식이 같은 한자는 어느 것입니까?

예 한자 '日'은 그 조자(造字)의 방식이 구체적인 사물의 모습을 본떠서 만든 상형자(象形字)이다. 이와 비슷한 한자로는 '山'이 있다.

07 林: ①夕 ②大 ③耳 ④獨 ⑤敬
08 上: ①角 ②客 ③目 ④公 ⑤本

09-14 다음 한자(漢字)의 음(音)은 무엇입니까?
09 京: ①취 ②경 ③흠 ④각 ⑤고
10 備: ①비 ②간 ③양 ④고 ⑤배

11 始: ①백 ②수 ③혈 ④시 ⑤소
12 充: ①충 ②윤 ③류 ④실 ⑤주
13 訓: ①지 ②천 ③식 ④소 ⑤훈
14 黃: ①토 ②황 ③상 ④구 ⑤앙

15-19 다음의 음(音)을 가진 한자는 어느 것입니까?
15 한: ①太 ②漢 ③湖 ④研 ⑤單
16 억: ①業 ②邑 ③漁 ④億 ⑤良
17 암: ①暗 ②音 ③案 ④仁 ⑤消
18 주: ①由 ②安 ③宙 ④油 ⑤位
19 관: ①列 ②取 ③清 ④官 ⑤課

20-24 다음 한자(漢字)와 음(音)이 같은 한자는 어느 것입니까?
20 仕: ①示 ②浴 ③榮 ④是 ⑤寺
21 會: ①回 ②增 ③展 ④的 ⑤集
22 早: ①市 ②祖 ③限 ④次 ⑤爭
23 引: ①逆 ②黑 ③雪 ④認 ⑤藝
24 新: ①飮 ②元 ③如 ④臣 ⑤夜

25-30 다음 한자(漢字)의 뜻은 무엇입니까?
25 慶: ①일하다 ②즐기다 ③농사 ④슬프다 ⑤경사
26 最: ①취하다 ②말하다 ③젊다 ④가장 ⑤늦다
27 屋: ①집 ②이르다 ③빠르다 ④화살 ⑤다다르다
28 考: ①치다 ②막다 ③생각하다 ④아끼다 ⑤섞이다

29 陽：① 볕   ② 바꾸다   ③ 그늘
     ④ 응하다   ⑤ 마당

30 靑：① 푸르다   ② 채소   ③ 살다
     ④ 개다   ⑤ 맑다

31-35 다음의 뜻을 가진 한자(漢字)는 어느 것입니까?

31 이 ： ① 致 ② 表 ③ 治 ④ 元 ⑤ 齒
32 어제： ① 夕 ② 古 ③ 送 ④ 昨 ⑤ 歲
33 낮 ： ① 午 ② 南 ③ 景 ④ 光 ⑤ 計
34 부르다：① 唱 ② 必 ③ 移 ④ 頭 ⑤ 番
35 벗 ： ① 季 ② 談 ③ 用 ④ 友 ⑤ 丹

36-40 다음 한자(漢字)와 뜻이 비슷한 한자는 어느 것입니까?

36 卒：① 現 ② 作 ③ 終 ④ 技 ⑤ 念
37 加：① 問 ② 來 ③ 文 ④ 壽 ⑤ 益
38 衆：① 等 ② 然 ③ 長 ④ 助 ⑤ 造
39 巨：① 橋 ② 順 ③ 太 ④ 初 ⑤ 河
40 給：① 章 ② 眞 ③ 義 ④ 授 ⑤ 習

제 2영역   **語 彙**

41-44 다음 한자어(漢字語)와 발음(發音)이 같은 한자어는 어느 것입니까?

41 冬至：① 藥指 ② 間紙 ③ 米質 ④ 理由 ⑤ 同志
42 力士：① 力作 ② 歷史 ③ 恩師 ④ 進士 ⑤ 根本
43 病死：① 道士 ② 自殺 ③ 兵事 ④ 無事 ⑤ 別世
44 妻兄：① 處刑 ② 舊形 ③ 求刑 ④ 姊兄 ⑤ 危急

45 다음 한자어(漢字語)들 중 괄호 안의 한자(漢字)의 발음(發音)이 다른 한자어는 어느 것입니까?

45 ① (更)生   ② 變(更)   ③ (更)正
     ④ (更)張   ⑤ 初(更)

46-54 다음 단어들의 '□'에 공통으로 들어갈 알맞은 한자(漢字)는 어느 것입니까?

46 男□, □利, □安：
     ① 女 ② 有 ③ 便 ④ 平 ⑤ 貴

47 同□, □情, 好□：
     ① 席 ② 族 ③ 列 ④ 落 ⑤ 感

48 再□, □造, □物：
     ① 木 ② 建 ③ 魚 ④ 修 ⑤ 冷

49 □助, □出, □命：
     ① 兩 ② 相 ③ 運 ④ 家 ⑤ 救

50 尊□, 品□, □重：
     ① 對 ② 性 ③ 質 ④ 貴 ⑤ 都

51 才□, □力, 萬□：
     ① 天 ② 英 ③ 能 ④ 一 ⑤ 君

52 回□, □禮, 正□：
     ① 答 ② 信 ③ 敬 ④ 視 ⑤ 星

53 □用, □打, 年□：
     ① 登 ② 使 ③ 代 ④ 次 ⑤ 稅

54 哀□, □待, □聲：
     ① 願 ② 歡 ③ 期 ④ 肉 ⑤ 讓

55-60 다음 한자어(漢字語)와 뜻이 반대(反對)이거나 상대(相對)되는 한자어는 어느 것입니까?

55 內容：① 內面 ② 形式 ③ 美容 ④ 形體 ⑤ 兩分
56 可決：① 對決 ② 解決 ③ 終決 ④ 先決 ⑤ 否決
57 希望：① 責望 ② 絶望 ③ 志望 ④ 野望 ⑤ 所望
58 保守：① 留保 ② 固守 ③ 退步 ④ 進步 ⑤ 死守
59 寒流：① 海流 ② 氣流 ③ 暖流 ④ 急流 ⑤ 物流
60 當番：① 非番 ② 順番 ③ 每番 ④ 宿直 ⑤ 充當

③ 막힘없이 말을 잘하다.

④ 두 편이 서로 같음.

⑤ 분하고 원통한 마음을 품다.

61-65 다음 성어(成語)에서 '□'에 들어갈 알맞은 한자(漢字)는 어느 것입니까?

61 先公後□ : ① 正 ② 事 ③ 政 ④ 私 ⑤ 立

62 □故知新 : ① 用 ② 往 ③ 容 ④ 論 ⑤ 溫

63 □明正大 : ① 公 ② 母 ③ 丹 ④ 食 ⑤ 失

64 各人各□ : ① 成 ② 亡 ③ 色 ④ 仕 ⑤ 止

65 大明□地 : ① 吉 ② 天 ③ 達 ④ 例 ⑤ 夫

66-70 다음 성어(成語)의 뜻풀이로 적절한 것은 어느 것입니까?

66 聞一知十
① 아는 것이 많다.
② 들은 것이 많다.
③ 매우 총명하다.
④ 주의력이 산만하다.
⑤ 태도가 바르다.

67 門前成市
① 찾아오는 사람이 많다.
② 찾아오는 사람을 거절하다.
③ 집 근처에서 장사를 하다.
④ 집 근처에 편의 시설이 있다.
⑤ 집 앞에 시장이 있다.

68 九死一生
① 엎치락뒤치락하다.
② 엎친 데 덮치다.
③ 부질없이 거듭하다.
④ 같은 값이면 다홍치마이다.
⑤ 죽을 고비를 여러 번 넘기고 살아나다.

69 起死回生
① 화를 이기지 못하다.
② 의욕이 사라지다.
③ 놀이에 푹 빠지다.
④ 죽을 뻔하다 도로 살아나다.
⑤ 열심히 공부하다.

70 靑山流水
① 거침없이 넓고 큰 기개.
② 겉과 속이 다름.

71-75 다음의 뜻을 가장 잘 나타낸 성어(成語)는 어느 것입니까?

71 온갖 일을 다 겪다.
① 山戰水戰 ② 富貴在天 ③ 坐不安席
④ 多多益善 ⑤ 好衣好食

72 동작이 재빠르다.
① 九牛一毛 ② 難兄難弟 ③ 電光石火
④ 一擧兩得 ⑤ 形形色色

73 여러 가지 일도 많고 어려움이나 탈도 많음.
① 右往左往 ② 多事多難 ③ 多才多能
④ 三人成虎 ⑤ 男女有別

74 남의 말을 대충 들음
① 無所不爲 ② 非一非再 ③ 四面春風
④ 馬耳東風 ⑤ 論功行賞

75 거침없이 자기 마음대로 할 수 있음.
① 人山人海 ② 月下老人 ③ 一口二言
④ 十中八九 ⑤ 自由自在

제 3영역 **讀 解**

76-81 다음 문장에서 밑줄 친 한자어(漢字語)의 음(音)은 무엇입니까?

76 서구화된 음식 습관과 운동 부족 등으로 초등학생 비만율이 10년만에 4배 가까이 <u>增加</u>한 것으로 나타났다.
① 배가 ② 증가 ③ 누가 ④ 첨가 ⑤ 경과

77 농구는 공격과 수비의 전환이 빠르게 진행되는 <u>競技</u>이다.
① 운동 ② 구기 ③ 기술 ④ 경기 ⑤ 종목

78 한복에서 두드러지는 것은 부드럽고 우아한 <u>曲線</u>의 미이다.
① 직선 ② 전아 ③ 축적 ④ 유종 ⑤ 곡선

79 망망대해에서 15일 동안이나 표류하다 드디어 저 멀리 陸地의 한 자락을 보게 되었다.
① 토지 ② 능지 ③ 육지 ④ 국지 ⑤ 행지

80 勤勉과 성실이 우리 집의 가훈이다.
① 은근 ② 근면 ③ 노력 ④ 근검 ⑤ 성실

81 나의 꿈은 국제적인 園藝 사업가가 되는 것이다.
① 원예 ② 연예 ③ 도예 ④ 곡예 ⑤ 수예

82-87 다음 문장에서 밑줄 친 한자어(漢字語)의 뜻풀이로 적절한 것은 어느 것입니까?

82 내일은 바람이 多少 강하게 불겠습니다.
① 매우 ② 조금 ③ 다시 ④ 아직 ⑤ 많이

83 그는 木石같아서 내가 아무리 애원해도 거들떠보지도 않았다.
① 마음이 약함
② 마음이 단단함
③ 의지가 굳음
④ 뻔뻔스러움
⑤ 감정이 없음

84 그는 靑雲의 꿈을 안고 유학을 떠났다.
① 헛됨 ② 소망 ③ 출세 ④ 알참 ⑤ 원망

85 결혼은 남자와 여자의 結合이다.
① 막연함   ② 소원함   ③ 도와줌
④ 잘 통함   ⑤ 합쳐짐

86 다음 주에 冬季 올림픽이 열린다.
① 봄철   ② 겨울철   ③ 가을철
④ 여름철   ⑤ 아주 작음

87 기차가 線路를 이탈했다.
① 궤도   ② 지름길   ③ 곧은 선
④ 굽은 선   ⑤ 다니는 길

88-90 다음 문장에서 빈칸에 들어갈 가장 적절한 한자어(漢字語)는 어느 것입니까?

88 체육 시간에 학생들이 운동장에 □□하였다.

① 收集 ② 合力 ③ 同居 ④ 集合 ⑤ 先頭

89 가진 것을 나눌수록 즐겁고 □□해집니다.
① 平和 ② 幸福 ③ 快樂 ④ 希望 ⑤ 安樂

90 민주 □□에서는 국가의 중요 정책을 결정할 때에 항상 국민의 요구와 의견을 존중한다.
① 道德 ② 家庭 ③ 政治 ④ 法庭 ⑤ 事業

91-93 다음 문장에서 밑줄 친 한자어(漢字語)의 한자 표기(漢字表記)가 바르지 않은 것은 어느 것입니까?

91 민요는 ① 民族의 노래요, ② 大衆의 노래이며, 우리의 ③ 所重한 ④ 傳統 ⑤ 文花 유산이다.

92 기름진 ① 飮食과 당분이 많은 ② 食品은 ③ 熱量이 높고 ④ 過食하기 쉽기 때문에 이런 음식은 ⑤ 可能한 줄여야 한다.

93 그는 ① 物利學 ② 分野에서 ③ 世界的으로 ④ 有名한 ⑤ 人物이다.

94-96 다음 문장에서 밑줄 친 단어(單語)를 한자(漢字)로 바르게 쓴 것은 어느 것입니까?

94 나는 숙제를 거의 다 하였습니다.
① 課題 ② 話題 ③ 題材 ④ 宿題 ⑤ 主題

95 사람들의 입에서 입으로 소문이 널리 퍼졌습니다.
① 所聞 ② 小聞 ③ 所問 ④ 小問 ⑤ 所間

96 동화가 퍽 재미있었습니다.
① 動話 ② 童話 ③ 動和 ④ 童和 ⑤ 冬話

97-99 다음 문장에서 밑줄 친 단어(單語)나 어구(語句)의 뜻을 가장 잘 나타낸 한자(漢字) 또는 한자어(漢字語)는 어느 것입니까?

97 황희는 1363년 지금의 황해도 개성에서 태어났

습니다
　① 生長　② 生成　③ 出生　④ 出産　⑤ 出身

98 토끼는 함정이 있는 곳에 <u>이르렀습니다</u>
　① 來訪　② 下達　③ 到來　④ 以來　⑤ 到達

99 용돈을 <u>아껴</u> 쓰면 급한 일로 돈이 필요할 때 요긴하게 잘 쓸 수 있습니다.
　① 愛用　② 節約　③ 要約　④ 有用　⑤ 利用

100-105　다음 글을 읽고 물음에 답하시오.

우리 나라는 ㉠<u>사계절</u>이 ㉡<u>뚜렷합니다</u> 봄에는 새싹이 파릇파릇 돋아납니다. ㉢<u>여름</u>에는 푸른 잎이 시원한 그늘을 만들어 줍니다. 가을에는 울긋불긋한 단풍이 ㉣<u>산</u>을 뒤덮습니다. 그리고 ㉤<u>겨울</u>에는 ㉥<u>하얀</u> 눈이 앙상한 가지를 포근히 덮어 줍니다.

100 ㉠의 한자 표기가 바른 것은?
　① 四季絕　　② 仕季節　　③ 四界絕
　④ 四界節　　⑤ 四季節

101 ㉡의 뜻을 가장 잘 나타낸 깃은?
　① 分明　② 分化　③ 淸明　④ 生動　⑤ 光明

102 ㉢의 뜻을 가진 것은?
　① 冬　② 秋　③ 夏　④ 春　⑤ 年

103 ㉣의 한자 표기가 바른 것은?
　① 天　② 地　③ 川　④ 山　⑤ 寺

104 ㉤의 뜻을 가진 것은?
　① 冬　② 氷　③ 方　④ 永　⑤ 春

105 ㉥의 뜻을 가장 잘 나타낸 것은?
　① 白眼　② 白雲　③ 白雪　④ 白雨　⑤ 白月

106-110　다음 글을 읽고 물음에 답하시오.

인물화는 인물을 대상으로 하여 그 인물이 지닌 표정이나 자세, 분위기 등을 나타낸 그림이다.
인물을 대할 때 먼저 눈에 띄는 것은 눈, ㉠코, 입 등의 생김새로, 얼굴의 ㉡<u>比例</u>와(과) 기울기를 어떻게 잡아 표현하느냐에 따라 그 느낌이 달라진다.
인물을 표현할 때에는 사실적으로 표현하기도 하지만, 자신의 ㉢<u>主觀</u>에 따라 단순화하거나 ㉣<u>變形</u>시켜 표현하기도 한다. ㉤<u>人物</u>의 ㉥<u>細部</u> 묘사보다는 자세와 ㉦<u>表精</u>의 특징을 ㉧<u>찾아내어</u> 자기가 받은 느낌을 ㉨<u>개성적</u>으로 나타내는 것이 좋다.

106 ㉠의 뜻을 가진 것은?
　① 眼　② 鼻　③ 尺　④ 官　⑤ 甲

107 ㉡의 독음이 바른 것은?
　① 비례　② 비열　③ 차례　④ 차열　⑤ 비루

108 ㉢~㉦ 중 한자 표기가 바르지 않은 것은?
　① ㉢主觀　　② ㉣變形　　③ ㉤人物
　④ ㉥細部　　⑤ ㉦表精

109 ㉧의 뜻을 가장 잘 나타낸 것은?
　① 投　② 他　③ 探　④ 布　⑤ 且

110 ㉨의 '개' 자의 한자 표기가 바른 것은?
　① 開　② 改　③ 個　④ 皆　⑤ 假

p28 연습문제 1

01 ②	02 ③	03 ⑤	04 ②	05 ④	06 ①	07 ③	08 ④	09 ⑤	10 ①
11 ③	12 ②	13 ⑤	14 ②	15 ③	16 ④	17 ⑤	18 ②	19 ④	20 ③
21 ②	22 ⑤	23 ④	24 ④	25 ③	26 ②	27 ⑤	28 ④	29 ③	30 ①
31 ③	32 ⑤	33 ①	34 ④	35 ③	36 ⑤	37 ①	38 ③	39 ④	40 ①
41 ③	42 ⑤	43 ④	44 ①	45 ②	46 ④	47 ②	48 ⑤	49 ②	50 ③

p36 연습문제 2

01 ⑤	02 ①	03 ②	04 ②	05 ③	06 ②	07 ④	08 ④	09 ④	10 ②
11 ③	12 ①	13 ⑤	14 ②	15 ④	16 ③	17 ③	18 ⑤	19 ②	20 ①
21 ①	22 ⑤	23 ③	24 ②	25 ③	26 ⑤	27 ⑤	28 ④	29 ⑤	30 ②
31 ③	32 ④	33 ⑤	34 ③	35 ①	36 ①	37 ⑤	38 ①	39 ①	40 ③
41 ⑤	42 ②	43 ①	44 ⑤	45 ③	46 ②	47 ②	48 ⑤	49 ①	50 ②

p44 연습문제 3

01 ④	02 ①	03 ⑤	04 ③	05 ③	06 ①	07 ②	08 ④	09 ⑤	10 ④
11 ③	12 ①	13 ③	14 ③	15 ⑤	16 ③	17 ②	18 ②	19 ④	20 ②
21 ⑤	22 ④	23 ④	24 ②	25 ③	26 ⑤	27 ④	28 ③	29 ⑤	30 ④
31 ①	32 ③	33 ②	34 ⑤	35 ①	36 ①	37 ④	38 ⑤	39 ③	40 ④
41 ①	42 ②	43 ⑤	44 ③	45 ③	46 ①	47 ⑤	48 ③	49 ③	50 ①

p52 연습문제 4

01 ②	02 ⑤	03 ②	04 ②	05 ④	06 ②	07 ①	08 ②	09 ⑤	10 ②
11 ④	12 ③	13 ⑤	14 ③	15 ②	16 ④	17 ⑤	18 ①	19 ③	20 ④
21 ⑤	22 ①	23 ①	24 ②	25 ①	26 ①	27 ④	28 ⑤	29 ③	30 ⑤
31 ②	32 ④	33 ②	34 ⑤	35 ④	36 ④	37 ①	38 ①	39 ①	40 ③
41 ④	42 ①	43 ③	44 ③	45 ①	46 ⑤	47 ③	48 ④	49 ②	50 ④

p60 연습문제 5

01 ①	02 ④	03 ⑤	04 ④	05 ③	06 ③	07 ②	08 ③	09 ⑤	10 ④
11 ③	12 ①	13 ③	14 ②	15 ①	16 ④	17 ⑤	18 ①	19 ②	20 ②
21 ⑤	22 ①	23 ③	24 ④	25 ①	26 ③	27 ②	28 ⑤	29 ④	30 ⑤
31 ③	32 ①	33 ④	34 ②	35 ⑤	36 ②	37 ④	38 ④	39 ②	40 ①
41 ③	42 ⑤	43 ②	44 ③	45 ①	46 ⑤	47 ③	48 ④	49 ③	50 ②

p68 연습문제 6

01 ⑤	02 ②	03 ④	04 ③	05 ②	06 ③	07 ③	08 ②	09 ①	10 ⑤
11 ②	12 ④	13 ⑤	14 ④	15 ①	16 ②	17 ⑤	18 ①	19 ③	20 ②
21 ③	22 ⑤	23 ④	24 ③	25 ①	26 ④	27 ②	28 ⑤	29 ③	30 ①
31 ②	32 ②	33 ④	34 ①	35 ⑤	36 ③	37 ①	38 ③	39 ⑤	40 ④
41 ②	42 ③	43 ①	44 ⑤	45 ③	46 ④	47 ⑤	48 ③	49 ②	50 ②

p76 연습문제 7

01 ①	02 ④	03 ②	04 ②	05 ④	06 ③	07 ①	08 ④	09 ④	10 ⑤
11 ①	12 ④	13 ⑤	14 ④	15 ①	16 ①	17 ⑤	18 ①	19 ①	20 ④
21 ⑤	22 ②	23 ④	24 ①	25 ④	26 ③	27 ④	28 ⑤	29 ④	30 ③
31 ①	32 ⑤	33 ④	34 ①	35 ③	36 ⑤	37 ③	38 ③	39 ⑤	40 ①
41 ③	42 ②	43 ④	44 ⑤	45 ①	46 ⑤	47 ③	48 ③	49 ③	50 ②

p84 연습문제 8

01 ②	02 ①	03 ③	04 ②	05 ③	06 ②	07 ③	08 ①	09 ⑤	10 ①
11 ③	12 ③	13 ⑤	14 ③	15 ②	16 ④	17 ⑤	18 ①	19 ③	20 ①
21 ④	22 ⑤	23 ④	24 ④	25 ⑤	26 ①	27 ②	28 ③	29 ④	30 ⑤
31 ②	32 ③	33 ②	34 ⑤	35 ①	36 ①	37 ②	38 ③	39 ③	40 ①
41 ⑤	42 ④	43 ①	44 ④	45 ②	46 ⑤	47 ④	48 ③	49 ②	50 ④

p92 연습문제 9

01 ⑤	02 ⑤	03 ③	04 ②	05 ③	06 ②	07 ③	08 ①	09 ②	10 ⑤
11 ①	12 ②	13 ⑤	14 ②	15 ③	16 ①	17 ⑤	18 ④	19 ②	20 ④
21 ③	22 ⑤	23 ③	24 ⑤	25 ③	26 ②	27 ④	28 ①	29 ④	30 ③
31 ②	32 ⑤	33 ③	34 ②	35 ⑤	36 ①	37 ③	38 ①	39 ④	40 ①
41 ②	42 ④	43 ③	44 ④	45 ④	46 ⑤	47 ④	48 ④	49 ⑤	50 ③

p100 연습문제 10

01 ③	02 ①	03 ⑤	04 ②	05 ②	06 ③	07 ①	08 ⑤	09 ①	10 ⑤
11 ④	12 ①	13 ③	14 ⑤	15 ①	16 ②	17 ②	18 ③	19 ⑤	20 ④
21 ④	22 ③	23 ⑤	24 ④	25 ③	26 ①	27 ⑤	28 ②	29 ④	30 ③
31 ⑤	32 ③	33 ①	34 ④	35 ③	36 ⑤	37 ③	38 ③	39 ①	40 ②
41 ④	42 ③	43 ④	44 ④	45 ⑤	46 ②	47 ④	48 ②	49 ①	50 ④

p124 모의고사 1

001 ③	002 ⑤	003 ③	004 ③	005 ④	006 ①	007 ⑤	008 ①	009 ⑤	010 ③
011 ⑤	012 ③	013 ④	014 ③	015 ②	016 ①	017 ④	018 ⑤	019 ②	020 ①
021 ⑤	022 ②	023 ①	024 ④	025 ②	026 ③	027 ⑤	028 ④	029 ④	030 ②
031 ②	032 ④	033 ②	034 ⑤	035 ⑤	036 ②	037 ③	038 ②	039 ⑤	040 ④
041 ③	042 ②	043 ②	044 ②	045 ②	046 ③	047 ⑤	048 ④	049 ③	050 ④
051 ②	052 ①	053 ②	054 ③	055 ④	056 ②	057 ④	058 ③	059 ④	060 ③
061 ②	062 ①	063 ⑤	064 ②	065 ③	066 ②	067 ⑤	068 ④	069 ④	070 ⑤
071 ②	072 ④	073 ①	074 ⑤	075 ③	076 ⑤	077 ④	078 ①	079 ④	080 ③
081 ①	082 ③	083 ⑤	084 ⑤	085 ①	086 ①	087 ⑤	088 ④	089 ①	090 ②
091 ③	092 ①	093 ④	094 ②	095 ②	096 ③	097 ④	098 ①	099 ③	100 ③
101 ②	102 ②	103 ④	104 ③	105 ③	106 ①	107 ⑤	108 ②	109 ①	110 ①

p130 모의고사 2

001 ⑤	002 ④	003 ②	004 ③	005 ④	006 ①	007 ⑤	008 ⑤	009 ②	010 ①
011 ④	012 ①	013 ⑤	014 ②	015 ②	016 ④	017 ①	018 ③	019 ④	020 ⑤
021 ①	022 ②	023 ④	024 ④	025 ⑤	026 ④	027 ①	028 ③	029 ①	030 ①
031 ⑤	032 ④	033 ①	034 ①	035 ④	036 ③	037 ⑤	038 ①	039 ③	040 ④
041 ⑤	042 ②	043 ③	044 ①	045 ①	046 ③	047 ⑤	048 ②	049 ⑤	050 ④
051 ①	052 ①	053 ③	054 ②	055 ②	056 ⑤	057 ②	058 ④	059 ③	060 ①
061 ④	062 ⑤	063 ①	064 ③	065 ②	066 ③	067 ①	068 ⑤	069 ④	070 ③
071 ①	072 ③	073 ①	074 ④	075 ⑤	076 ②	077 ④	078 ⑤	079 ③	080 ②
081 ①	082 ②	083 ⑤	084 ③	085 ⑤	086 ②	087 ①	088 ④	089 ②	090 ③
091 ⑤	092 ①	093 ①	094 ④	095 ①	096 ②	097 ③	098 ⑤	099 ②	100 ⑤
101 ①	102 ③	103 ④	104 ①	105 ③	106 ②	107 ①	108 ⑤	109 ③	110 ③

강유경 저 | 18,000원

일사천리 상공회의소
한자시험 3급 기본서

이 책은 각 급별로 한자를 분류하고, 출제 비중이 높은 영역을 유형별로 정리하여, 문제 유형에 걸맞은 학습 요소를 집중적으로 학습하도록 구성하였다. 또한 각 페이지마다 배운 한자를 외워서 써 볼 수 있도록 하였고, 배운 한자어로 문장을 완성하도록 하였으며, 24자 학습 후에는 실력을 점검할 수 있도록 연습문제를 배치하여 복습에 만전을 기하였다.

그리고 각 해당 한자의 훈·음은 물론 해당 한자의 학습을 돕기 위해 제시한 모든 한자어의 한자에도 훈·음을 보여주는 구성으로 사전 없이 이 책 한권으로 시험에 완벽하게 대비할 수 있도록 하였다.

강유경 저 | 12,000원

일사천리 상공회의소
한자시험 실전모의고사 3급

부록으로 한자의 기초 이론과 성실한 해설을 담은 해설집이 준비되어 있다.

상공회의소 한자 검정시험의 문제 유형을 그대로 적용하여 실전 연습이 가능하도록 하였으며, 부록으로 준비된 해설집에는 문제집에 사용된 모든 한자의 훈과 음을 표시하여 일일이 사전을 찾지 않아도 편하게 학습할 수 있도록 구성하였다.

교육교재팀 저 | 8,500원

일사천리 상공회의소
한자시험 8급 기본서

이 책은 상공회의소 한자시험 8급에 대비하기 위하여 8급 배정한자 150자를 쓰면서 외울 수 있도록 구성하였으며, 각 한자에 대한 훈·음, 부수, 획수, 필순을 명기하고, 한자의 이해를 돕는 뜻풀이를 정리해 두었다. 그리고 해당 한자를 사용한 한자어를 채우며 완성할 수 있도록 하였으며, 24자마다 연습문제를 삽입하여 앞에서 배운 것을 복습할 수 있도록 하였다. 앞에는 기초 이론 학습과 뒤에는 실전모의고사를 실어 이 책 한권으로도 8급 시험에 완벽하게 대비할 수 있도록 하였다.

교육교재팀 저 | 8,500원

일사천리 상공회의소
한자시험 7급 기본서

이 책은 상공회의소 한자시험 7급에 대비하기 위하여 7급 배정한자 300자를 쓰면서 외울 수 있도록 구성하였으며, 각 한자에 대한 훈·음, 부수, 획수, 필순을 명기하고 40자마다 연습문제를 삽입하여 앞에서 배운 것을 복습할 수 있도록 하였다. 그리고 앞에는 기초 이론 학습과 뒤에는 실전모의고사를 실어, 이 책 한권으로도 7급 시험에 완벽하게 대비할 수 있도록 하였다.

교육교재팀 저 | 9,500원

일사천리 상공회의소
한자시험 6급 기본서

이 책은 상공회의소 한자시험 6급에 대비하기 위하여 6급 배정한자 450자를 쓰면서 외울 수 있도록 구성하였으며, 각 한자에 대한 훈·음, 부수, 획수를 명기하고 50자마다 연습문제를 삽입하여 앞에서 배운 것을 복습할 수 있도록 하였다. 그리고 앞에는 기초 이론 학습과 뒤에는 실전모의고사를 실어, 이 책 한권으로도 6급 시험에 완벽하게 대비할 수 있도록 하였다.

교육교재팀 저 | 9,500원

일사천리 상공회의소
한자시험 5급 기본서

이 책은 상공회의소 한자시험 5급에 대비하기 위하여 5급 배정한자 600자를 쓰면서 외울 수 있도록 구성하였으며, 각 한자에 대한 훈·음, 부수, 획수를 명기하고 60자마다 연습문제를 삽입하여 앞에서 배운 것을 복습할 수 있도록 하였다. 그리고 앞에는 기초 이론 학습과 뒤에는 실전모의고사를 실어, 이 책 한권으로도 5급 시험에 완벽하게 대비할 수 있도록 하였다.